Ludwig Passarge · Aus dem Weichseldelta

DEUTSCHE BIBLIOTHEK DES OSTENS

Herausgegeben
von
Karl Konrad Polheim und Hans Rothe

Nicolai

LUDWIG PASSARGE

Aus dem Weichseldelta

Reiseskizzen

Herausgegeben
von
Hartmut Boockmann

Nicolai

In Verbindung mit der Kommission zum Studium der deutschen Geschichte und Kultur im Osten an der Universität Bonn

Lektorat: Carolin Hilker-Siebenhaar
Umschlagbild: Carl Michael Gregorovius, Das Rathaus in Danzig, 1818; Bildarchiv Preußischer Kulturbesitz, Berlin
Satz: Mega-Satz-Service, Berlin
Druck und Bindung: Passavia GmbH, Passau

Printed in Germany
ISBN 3-87584-319-3

Vorwort

An Hermann Podlech

Hast Du, mein Freund, jemals die Post, die Eisenbahn, das Dampfboot versäumt? –

Halb lächelnd, halb ärgerlich sehen wir den Abfahrenden nach oder hören den höhnischen Pfiff der Dampfmaschine; wir stehn mit unserer Reisetasche da, unschlüssig was beginnen, vielleicht wohl gar belächelt von den Leuten, welche einen Abfahrenden begleiteten und nun heimkehren. Da deponiren wir unser leichtes Gepäck bei einem Aufseher und überlassen uns dem launischen Zufalle. Unser Blick fällt in eine neue noch nicht durchwandelte Straße; wir ergötzen uns auf einer Promenade, oder betreten einen Kirchhof, auf welchem die Todten friedlich neben dem Bahnhofe ruhen und sich von keinem Lokomotivenpfiffe stören lassen. Wir setzen uns sinnend auf eine Bank, auf der wir vor Jahren mit einem Freunde saßen, den das wüste Jahr 1848 nach Amerika trieb; wir überlassen uns wehmüthigen Erinnerungen; vielleicht werfen wir ein Gedicht auf ein weißes Blatt unseres Reisejournals, oder wir ergänzen das Erlebte der letzten Reisetage. Zuletzt sind die Stunden bis zum Abgange des nächsten Eisenbahnzuges verflossen; wir raffen uns auf aus unserer Träumerei und müssen eilen, um die Abfahrt nicht noch einmal zu versäumen; so schön war das Träumen in jenen Stunden, von denen wir anfangs nicht wußten, was mit ihnen anfangen.

Es kommt aber auch wohl vor, daß wir nicht die Eisenbahn, sondern den übervollen, unabsehbaren Lebenszug versäumen, zu dem die Menschen in ihrem Treiben nach Stellung und Besitz hasten und jagen. Der Eine war schon lange vor der Abfahrt da und machte es sich in einer Ecke zurecht; Manche kommen noch keuchend an, als gerade die Thüren ins Schloß geworfen werden sollen; Viele hören nur noch die Lokomotive an einem „Uebergange“ pfeifen; dann ist Alles still.

So hatte ich im letztvergangenen Jahre den Lebenszug versäumt; eigentlich wohl nicht versäumt; aber das Billet, welches ich gelöst, war nicht gehörig gestempelt; ich wurde nicht mitgenommen. Da warf ich meine Blicke auf der Schwelle des Bahnhofes in die Weite; Bäume nickten mir aus der Ferne zu, Wimpel, von Masten wehend, grüßten mich; mein Groll verschwand. Auf dem Kirchhofe meiner Erinnerungen setzte ich mich nieder und ließ die Phantasie walten. Da verdichteten sich die Nebel. Aus der weiten Ferne, wo ich so lange unstät als undankbarer Sohn meiner Heimath geschweift, fand ich mich plötzlich in ein bescheidenes und doch so wunderbares Land versetzt, in eine Oase von entzückender Schönheit, mit der ganzen herben Poesie des Nordens und der milden Gesegnetheit des Südens angethan; ein Sitz alter Kultur und das wunderbare Mythenland der Mittelmeerepoche, reich an Naturschätzen, die Heimath des fabelhaften, sanftschimmernden Elektros, „der des Mondes neubeginnendem Glanze gleicht“, und – was mehr als Alles sagen will – mein eigenes Heimathland.

Da zeichnete ich Skizze auf Skizze in mein Tagebuch, in dem seit vielen Jahren kein Blatt mehr beschrieben war; fast wurde es voll von den Bildern, die der Griffel zu fixiren hatte.

So verrauschte die Zeit bis zum nächsten Zuge. Die Einen wollten mich auch jetzt noch verhöhnen, daß ich den ersten versäumt; die Armen, sie wußten nicht, wie viel reicher ich seitdem geworden war.

I. Dirschau

Der Strom

Dirschau! – Welcher Bewohner des westlichern Deutschlands hätte vor vielleicht nur noch wenigen Jahren etwas von Dirschau gewußt? Höchstens würde einer oder der andere Reisende sich voll Schrecken jener einsam verlebten Tage erinnert haben, da er bei einer Reise in die östlichste Provinz des preußischen Staates Tage lang auf den günstigen Moment über die Weichsel zu gelangen warten mußte.* Einem dritten wäre es vielleicht beigefallen, daß Dirschau den Knotenpunkt der Berlin-Königsberger und Danzig-Bromberger Chaussee bilde, zur Hälfte von einer polnisch redenden Bevölkerung bewohnt werde und nichts von „Merkwürdigkeiten" besitze. Ein Gelehrter hätte sich wohl gar dahin geäußert, daß der ursprüngliche Name Dersowe, Trsow gelautet, daß die Stadt durch den Pommerellenschen Fürsten Sambor schon 1207 eine Burg erhalten und etwa ein Jahrhundert später unter die Herrschaft des Deutschen Ordens gekommen; alle würden sich aber in dem Urtheile vereinigt haben, daß es ein ganz abscheulicher Ort** sei, den man so schnell als möglich verlassen müsse, um entweder der „Stadt der reinen Vernunft" oder dem „Venedig des Nordens" zuzueilen.

So war es früher, und jetzt? – Wir nennen Dirschau, wenn wir von der Göltzschthalbrücke, der Sömmeringbahn, den Ueberbrückungen des Conway und der Menaistraße reden.*** Es ist diesem Orte gegangen wie manchen Völkern, von denen Niemand etwas weiß, die mit einem Male in der Geschichte auftreten und die Welt mit dem Rufe ihrer Thaten erfüllen. Auch mancher Mensch lebt so still für sich hin, in geräuschlosem Wirken Andere meidend, sein eigenes Selbst entwickelnd; Niemand kennt ihn; vielleicht ahnt er selber nichts von seiner Bestimmung; und plötzlich ist die Samenkapsel aufgesprungen und streut ihren Inhalt in alle Winde.

Wie manchen sonst weltverlassenen Ort hat nicht die Eisenbahn berühmt gemacht, wie manches traumverlorne Thal durchirrt nicht der schrille Pfiff der Lokomotive! Ihr Bewohner schaute die neuen sonderbaren Erscheinungen erst mit demselben stupiden Erstaunen an, wie der Eingeborne Amerikas die ersten Schiffe der Spanier oder der alte Preuße die stahlgepanzerten Ordensritter, um bald an dem allgemeinen Treiben und Jagen Theil zu nehmen und dem Gewinne nachzugehen.

Den ungeheuren Bauten und Zurüstungen gegenüber, welche die Errichtung der Weichselbrücke bei Dirschau und der Nogatbrücke bei Marienburg ins Leben rief, vermag beim ersten Anschauen selbst der Gebildete kaum etwas Anderes als ein begriffsloses Verwundern entgegen zu setzen. Das Horazische *nil admirari* mag da seine Anwendung finden, wo sich uns Vergleichungen, Analogieen darbieten, wo uns zwar etwas Neues aber nichts Unerhörtes entgegentritt. Bei jedem Bewohner des Weichselthales, jedem Kenner der Natur dieses Stromes war aber die Vorstellung von einer Unmöglichkeit seiner Ueberbrückung eine so unumstößliche geworden, daß das wirkliche und sichere Gelingen des verspotteten Projektes meist nur ungläubig vernommen und das leibliche Schauen die vorgefaßte Meinung zu überwinden kaum im Stande gewesen ist. Ein bloßes Staunen über die Ausführung dieses Riesenwerkes mag wohl bei den meisten der Weichselbewohner der Bewunderung und dem Verständniß der genialen Schöpfung vorhergegangen sein.

Woher die Vorstellung von dem Mißlingen dieses Werkes?

Der Mensch im Kampfe mit der Natur und ihren vernichtenden Kräften ist von jeher der Gegenstand einer staunenden Bewunderung gewesen; aber nur, wenn er siegreich diesen Kampf besteht. Das Unterliegen macht ihn lächerlich; es ist wie ein Kampf mit dem Schicksal. Keinem Elemente gegenüber kann der Mensch eher auf einen Triumph rechnen, als beim Wasser. Wir verweilen in der Geschichte daher gerne bei solchen Nachrichten, welche von einer Bändigung, einem Jochauflegen reißender Ströme, bewegter Fluthen reden, von der scythischen Isterbrücke des Darius, dem ruthengepeitschten Hellespont[1], der Rheinbrücke Cäsars bis zu dem „Brucken" des Prinz Eugenius. Aber die meisten dieser Ueberbrückungen dienten nur provisorischen Zwecken, sie bedeuteten nicht viel mehr, als unsere heutigen Pontonbrükken. Von festen und bleibenden Brücken großer und mächtiger Ströme weiß die Geschichte selten zu erzählen, und wo es geschehn, da zeigen die unter dem Wasser hervorragenden Trümmer, daß der Strom sein Joch bald unwillig abgeschüttelt hat. Erst die neueste Zeit hat den Versuch gemacht, auch die unbändigsten Ströme zu bändigen, die störrigsten zu zähmen, dem unwilligsten Nacken das Joch aufzulegen. Haben sie doch den Niagara überbrückt, den Menai-Hellespont überbaut, und – was mehr sagen will – wird doch in Kurzem die Lokomotive über die Weichselbrücke brausen.

Kennt ihr die Weichsel?[2] Wißt ihr etwas mehr, als daß sie auf den Karpathen entspringt, Krakau, Warschau und Danzig vorüberfließt und in der Ostsee mündet? Kennt ihr die Tücke dieses Stromes? Vielleicht fuhrt ihr einmal über seine Eisdecke, die so still und fest daliegt; es ist das bleiche Gesicht, die eisige Ruhe jenes Beleidigten, der sogleich ein Wuthausbruch folgen wird. Oder ihr saht den versandeten seichten Strom im Sommer; es ist die Magerkeit des gefangenen, kärglich genährten Raubthiers. Die Weichsel ist sie selbst nur in ihrer Wuth, in ihrer Zerstörung; kein Lied besingt ihre Lieblichkeit, kein Dichter preist sie wie den „grünen“ Rhein, die „blaue“ Donau, den „liederreichen“ Don; sie hat ihren wahren Ausdruck nur bei der Katastrophe, während des Eisganges; sie ist furchtbar, als hätte sie ihre Quelle in dem ewigen Eise des tiefsten Kreises der Danteschen Hölle.

Auch der Bewohner südlicherer Gegenden, selbst des westlichen Deutschlands kann eine Vorstellung von der dämonischen Gewalt der Flüsse haben; plötzliche Ueberschwemmungen, Versandungen und Verheerungen bezeichnen die ebenso nützliche als zerstörende Lebensthätigkeit überall, wo eine solche Flußader pulsirt. Der Reisende wundert sich über die vielbogigen Brücken der subalpinen Ströme, welche als winzige Wasserfäden durch ein mit fußtiefem Geröll angefülltes, breites Bett rieseln; er braucht nur einen Gewittersturm abzuwarten, um sich dieses Flußbett mit ungeheuren Wassermassen füllen und die Ufer überschwemmen zu sehen. Auch der Bewohner des Rheins weiß von Ueberfluthungen zu erzählen und der Mangel an festen Brücken spricht mehr als Alles für seine Unbändigkeit. Dennoch würde es vollkommen falsch sein, nach der Natur der westlichen und südlichen Ströme Deutschlands auf die der Weichsel zu schließen. Die Gefährlichkeit des Rheins oder der Donau verhält sich zu der der Weichsel etwa wie die Gefahren einer Fahrt im atlantischen Meere zu denen einer Polar-Expedition. Denn wenn bei jenen Strömen vorzugsweise das W a s s e r als verheerender und vernichtender Faktor auftritt, so ist es bei der Weichsel das E i s. Während dort das Hochwasser normal verläuft und nur ausnahmsweise Katastrophen hervorruft, verursacht der Eisgang der Weichsel alljährlich eine Gefahr, welche, wie die Felswände des Galanda über den Hütten von Felsberg, die Bewohner der Weichselniederungen, namentlich des Delta's, bedroht, und nur deshalb weniger unerträglich erscheint, weil die Gewohnheit und die regelmäßige Wiederkehr der Gefahr die Empfindung und die Furcht davor abgestumpft haben.

Das Eis gehört zu denjenigen Faktoren der Vernichtung, welche am sichersten wirken; das sehen wir an den schwimmenden Eisbergen der Polarmeere und den Gletschern. Es übertrifft in seinen Wirkungen selbst die der Asche und Lava, welche wenigstens nach ihrer Erkaltung eine Kultur zulassen, und steht in Betreff der Schädlichkeit und Nachhaltigkeit der Verwüstung nur hinter dem Sande zurück. Furchtbarer noch als da, wo das Eis massenhaft und kompakt auftritt – wie in den Gletschern der Alpen oder den Eisfeldern des Nordens – sind seine Wirkungen aber in Verbindung mit dem strömenden Wasser, indem es hier die Gewalt des Stromes nicht bloß verstärkt, sondern zugleich durch Ansammlungen, Stopfungen einen Damm gegen den Strom selber errichtet und dadurch eine Ueberfluthung der Flußufer verursacht. Dieses geschieht namentlich dann, wenn der Lauf eines Stromes in nördlichern Breitengraden von Süden nach Norden geht.

Fließt ein Strom von Norden nach Süden, wie beispielsweise die schwedischen Flüsse, dann rollt sich im Frühling die Eisdecke wie von selber auf; die Wärme verzehrt Scholle nach Scholle, die Wasser fließen mählig ab und der Uebergang zum ruhigen Stromlaufe des Sommers geschieht langsam, ohne Zerstörung, ohne Gefahr für die Uferbewohner. Wenn aber der Strom von Süden nach Norden fließt; wenn, wie in dem polnischen Hügellande und den dortigen Ebenen, der Frühling plötzlich und mit all seiner Zerstörungslust über den eisbedeckten Strom hereinbricht, dann geschieht auch das Schmelzen der Eisdecke plötzlich; die herbeiströmenden Wasser heben, zerbrechen, wälzen die zerberstenden Eismassen und treiben sie mit ungeheurem Krachen nicht einem offenen Wasser, sondern den Niederungen zu, welche von einem Frühlinge noch nichts wissen. Nun zerreißet in Folge des schwellenden Stromes die noch nicht mürbe gewordene Eisdecke; die Schollen, hart wie Glas und nicht zu zertrümmern, wälzen sich auf-, durch einander, thürmen sich zu Bergen und zerstören was ihnen hemmend in den Weg tritt, die vor ihnen sich noch hindehnende Eisdecke, die Dämme, sie bald überfluthend, bald „abschälend“ und unterminirend. Es öffnet sich ein Theil des Deiches und heraus bricht die entfesselte Fluth über die tief unter dem Niveau des Strombettes liegenden Ebenen, die Saaten, die Wohnplätze der rathlosen Menschen. Mit dieser Art der Vernichtung, mit dieser Zerstörungslust, welche in den entfesselten Fluthen und Eismassen liegt, kann die dämonische Gewalt des Feuers gar nicht verglichen werden. Schon räumlich will eine Feuersbrunst gegen einen solchen Durchbruch eines Stromes nichts bedeuten; aber auch in Betreff des verloren gegangenen Lebens, des vernichteten Besitzes, der nachhaltigen Wirkungen, wie bei Versandungen ganzer Landstriche, läßt sich zwischen beiden Elementen keine Parallele ziehen. Wir werden später noch speziell auf die Erscheinungen, welche bei solchen Dammbrüchen vorkommen, zurückgehen; hier mag die Andeutung der Wirkungen solcher Katastrophen genügen.

Damit dergleichen entstehen, ist aber erforderlich, daß der Strom – wenigstens in seinem untern Laufe – mit einer starken Eisdecke belegt werde. Der Rhein fließt gleichfalls von Süden nach Norden, auch kommt es wohl vor, daß er gefriert. Dieses geschieht aber in einem so geringen Grade, daß die Eismassen als solche selten eine schädliche Wirkung ausüben, daß sie sich wegen ihrer geringern Dicke niemals zu solchen Bergen zusammenthürmen können wie bei der Weichsel. Außerdem tritt der Frühling und die Schneeschmelze im Westen ziemlich gleichmäßig ein; in Folge des Einflusses des Meeres ist zwischen den nördlichen Gegenden des Rheins und den südlichen keine große Differenz. Die in seinem obern

Laufe anschwellenden Wasser treffen daher selten auf Eis, höchstens wieder auf Wassermassen, mit denen sie sich zu einem normalen Stromlaufe vereinigen. Bei der Weichsel ist die Differenz zwischen Süden und Norden aber außerordentlich groß. In Polen ist mitunter schon die volle Schneeschmelze eingetreten, während in der Provinz Preußen noch der Winter herrscht; oft pflanzt sich das Schmelzen und Aufbrechen der Eisdecke so langsam fort, daß man sich durch bloße Fußboten von dem Beginne des Eisganges in Kenntniß setzt und in Thorn dem von Warschau aus gemeldeten Eisgange wie einem erst in einigen Tagen herannahenden Ereignisse entgegensieht. Dieses ist aber stets die gefährlichste Art des Eisganges. Denn die Gefahr liegt nicht sowohl in der Bewegtheit, dem Anschwellen, dem Eistreiben des Stromes, sie liegt ganz besonders darin, daß sich die Eismassen vor der noch nicht geschmolzenen und zerkleinerten Eisdecke stopfen, zu Bergen ansammeln, das ganze Strombett erfüllen und den Abfluß des Wassers hemmen. Gewöhnlich bewirkt der fast in quadratischer Progression wachsende Wasserdruck ein Weichen, einen Durchbruch durch den Eiswall. Geschieht es nicht, dann ist eben ein Deichbruch – ein sogenannter Grundbruch – die nothwendige Folge. Eine solche Stopfung findet aber ganz besonders da statt, wo die herankommenden Eisschollen durch das sogenannte Grundeis[3] aufgehalten werden. Wenn sich nämlich im Winter das Wasser an der Oberfläche erkältet, sinkt das spezifisch schwerer gewordene zu Boden und krystallisirt an den hervorragenden Theilen des Bodens zu Eis. Durch fortwährendes Ansetzen wächst dieses Grundeis zu ungeheuren Massen an. Kommt nun die Schmelze, dann löst es sich massenweise, oft in weitester Ausdehnung, vom Boden los, zerberstet, wird weiter gerissen und füllt das Strombett mit seiner Masse aus. Es ist klar, daß da, wo dieses schwimmende Grundeis auf das noch am Boden festliegende trifft, eine Stopfung leichter stattfinden wird als da, wo das tiefere Flußbett keinen Widerstand leistet. Bei solchen Stopfungen hat man wohl auch durch Pulverminen, Kanonenschüsse eine Oeffnung künstlich hervorzurufen versucht, aber fast immer ohne einen wesentlichen Erfolg. Der Mensch vermag in solchen Fällen nicht mehr als der Arzt einer Fieberkrankheit gegenüber; er kann nichts als abwarten, „ob die Natur sich nicht selber helfen werde"; und wenn es nicht geschieht, da mag er müßig der Götterstärke weichen, und wohl ihm, wenn er „ruhig und bewundernd" seine Werke untergehen sieht.*

Wie schwierig, gefährlich und oft unmöglich bei solchen Verhältnissen das Ueberschreiten des Stromes ist, liegt auf der Hand.

Im Sommer wird der Verkehr leicht durch eine Schiffbrücke unterhalten, im Frühjahre und Herbste durch Fähren, sogenannte Prahme. So lange nun offenes Wasser ist, geschieht dieses leicht und mit Sicherheit; wenn aber das Eis zu treiben beginnt, dann wird jede Verbindung bis zu der Zeit, daß dasselbe zum Stehen gekommen, aufgehoben, und es geschieht nicht selten, daß die Reisenden Tage lang auf der einen Seite des Stromes verweilen und mit sehnsüchtigen Blikken nach dem so nahen und doch so unerreichbaren „andern Ufer" schauen. Für die von Marienburg her Kommenden entwickelt sich in einer solchen Zeit oft ein lustiges Leben in dem auf dem rechten Weichselufer gelegenen „Fährkruge", das einander menschlich nahe zu rücken zwingt und an die Regentage auf dem Rigi oder der Schneekoppe erinnert. In solcher Zeit wird in den Bahnhöfen zu Danzig und Königsberg die Art des Trajektes auf einer Tafel angeschrieben; und wie in Berlin nach der Uhr der Akademie, so sieht jeder Reisende nach der verhängnißvollen Tafel; während der Fahrt bildet aber der Trajekt den Inhalt aller Gespräche.

Ist das Eis nun zum Stehen gekommen und wäre es auch nur so, daß es „nicht hält und nicht bricht", dann wird quer über den Strom eine Eisbahn gegossen. Das Wasser gefriert sofort und bildet bald einen sichern Weg, den erst Fußgänger auf Brettern und dann selbst die schwersten Fuhrwerke passiren können. So geht es nun meist bis zu dem allgemeinen Eisgange im Frühlinge; denn nur selten kommt es vor, daß die Eisdecke schon im Winter aufthaut. Sobald aber die von Station zu Station aufgestellten „Eiswachen" die nahende Gefahr verkünden, wird jede Kommunikation unterbrochen; selbst die kühnsten Schiffer und Beamten wagen sich dann nicht hinüber; aller Personenverkehr von Ufer zu Ufer hört auf und nur der Postbriefbeutel wird zuweilen auf schwankendem Faden von einer Seite zur andern gezogen. Der Güterverkehr stockt in solchen Zeiten aber oft wochenlang. Denn selbst wenn endlich der Verkehr durch Spitzprahme und Schiffbrücken möglich geworden, reichen die vorhandenen Kräfte nicht aus, um die ungeheuren Waarenmassen zu befördern; und es ist namentlich während des russischen Krieges* nicht selten vorgekommen, daß Kaufleute die lange vor Weihnachten eingekauften Spielzeugwaaren erst im Spätwinter erhielten, daß bei dem Mangel an Räumlichkeiten in Dirschau die kostbarsten Waaren vom Regen durchnäßt wurden und verdarben. Als es aber von Berlin nach Königsberg noch keinen Telegraphen gab, da mußte man oft tagelang selbst auf jede briefliche Nachricht verzichten und ich erinnere mich noch, daß im Jahre 1848 und 1849 zuweilen in zwei bis drei Tagen keine einzige politische Mittheilung aus dem Westen die Weichsel passiren konnte, in einer Zeit, da den Zeitungsblättern nothwendig noch die Feuchtigkeit aus der Offizin anhaften mußte.

In solchen Momenten bildet die Weichsel ein ergötzliches Tagesgespräch. Man verlangt nach einem bereits vor sechs

Wochen in Leipzig angekündigten, interessanten Buche, der Buchhändler erwiedert achselzuckend: die Weichsel; man bestellte vor vier Wochen in Berlin einen neuen Rock, der dortige Schneider schreibt, er läge schon längst – an der Weichsel. Eine Reise wird aufgehoben wegen – der Weichsel. Noch im vergangenen Jahre bei der großen Ueberschwemmung kam ein Offizier aus Berlin zur Verlobung mit seiner Braut genau acht Tage nach dem festgesetzten Termin über – die Weichsel.

Kurz „man drehe sich rechts, man drehe sich links“, der „Weichselzopf“* ist nicht los zu werden und hängt Allen hinten.

Wer zweifelt nun noch, daß sich trotz aller Bedenken und Hindernisse die dauernde Ueberbrückung der Weichsel als eine unabweisliche Nothwendigkeit herausstellte?

Die Brücke

> Vieles Gewaltige lebt, doch Nichts
> Ist gewaltiger als der Mensch.
> Sophokles.

Wir haben die Natur der Weichsel kennen gelernt; vergegenwärtigen wir uns, mit welchen Schwierigkeiten der Bau einer festen Brücke über diesen Strom zu kämpfen hat.

Als das Projekt des Baues der Ostbahn, welche die Provinz Preußen mit Deutschland, dieses in merkantiler Hinsicht mit Rußland verbinden sollte, aufgenommen wurde, war die erste Frage: Wie kommen wir aber über die Weichsel? Es wurde alles Ernstes von vielen Bauverständigen behauptet, daß ein fester Brückenbau über dieselbe zu den Unmöglichkeiten gehöre, auch steht thatsächlich fest, daß ein solcher in dem untersten Laufe der Weichel bis dahin nicht versucht worden ist.[4]

Als die zwingende Nothwendigkeit jedes Bedenken zurückwies, weil die von einem nicht überbrückten Strome durchschnittene Eisenbahn einer durchschnittenen Blutader gleichen würde, entstand zuvörderst die Frage, wo der Uebergang über die Weichsel stattfinden solle. Die Einen riethen bei Marienwerder, die Andern bei Graudenz, selbst Thorn, kurz in demjenigen Theile des Flußlaufes, welcher seiner Gabelung bei der Montauer Spitze vorhergeht. Denn es schien auf der Hand zu liegen, daß e i n e Brücke weniger kostspielig sein werde als z w e i, die man zu bauen genöthigt war, wenn man den Uebergang bei Dirschau über die Weichsel und bei Marienburg über die Nogat wählte. Die letztere Straße hatte aber gewissermaßen die Thatsache des Besitzes für sich, da die große Berliner Chaussee gleichfalls diese doppelten Uebergänge dem einmaligen südlichern vorgezogen hatte, außerdem aber auch die naturgemäße Lage. Gleich den Zugvögeln, die an der Scheidemauer der Alpen die niedrigsten Pässe längst ermittelt hatten, bevor noch an einen Straßenbau gedacht wurde, so zieht sich auch der Verkehr, wo nicht „höhere Rücksichten“ vorwalten, stets auf der natürlichsten und bequemsten Straße hin; und diese ist hier die über Dirschau.

Die Ufer der Weichsel bilden nämlich von Thorn ab bis Marienburg einer- und Dirschau andererseits Höhen, welche ebenso malerisch als schwer zu passiren sind. Eisenbahnen lieben aber noch mehr als Zugvögel die niedrigsten Pässe. Bei Dirschau ist die Uferhöhe dagegen nicht viel bedeutender als es die Höhe der Brücke erfordert, und in Marienburg entspricht sie derselben genau. Bei einem südlichern Uebergange würde ferner Danzig ganz unverhältnißmäßig bei Seite gelassen worden sein. Man erwog auch, daß die Brücke über die schmälere Nogat einen relativ geringen Kostenaufwand verursachen würde, und entschied sich aus diesen Gründen für die Dirschauer Route. Vielleicht kam es auch darauf an, in unserem Zeitalter des Dampfes und der Eisenbahnen der grandiosen Marienburg des Mittelalters ein gleich erhabenes Werk gegenüber zu stellen; so meint wenigstens mit feinem Instinkte das Publikum.

Viel schwieriger war die Frage zu beantworten, wie die beiden Brücken konstruirt werden sollten. Der Holzbau, der bei den Lokalverhältnissen, namentlich wegen der Leichtigkeit des Transportes aus Polen weit der billigste gewesen wäre, mußte bei der Beschaffenheit des Stromes ohne Weiteres verworfen werden.

Ebenso unpraktisch erschien eine Ueberbrückung mittelst gemauerter Gewölbebogen, wie sie noch in neuester Zeit über den Rhein bei Schaffhausen durchgeführt worden. Denn, abgesehen von dem sehr beträchtlichen Kostenaufwande, kam es bei der Weichsel nicht bloß darauf an, *à tout prix* eine Brücke zu schaffen, sondern eine solche zu errichten, welche den Bedingungen gerade dieses Stromlaufes entsprach, das heißt dem Wasser und noch mehr dem Eisgange die möglichst geringen Hindernisse entgegenstellte. Nehmen wir an, daß man als mittlere Spannung etwa die des imposanten Rialto-Brückenbogens – welche 70 Fuß* beträgt – genommen hätte[5], so würden bei einer Gesammtlänge von 2668 Fuß etwa 38 Bogenspannungen zu konstruiren gewesen sein, wovon etwa 17 Pfeiler in dem e i g e n t l i c h e n Strombette hätten stehen müssen.

Es liegt auf der Hand, daß dieses einer thatsächlichen Abdämmung zwar nicht des Wasser- aber des Eisstromes gleich gekommen sein würde. Denn wenn man bedenkt, daß ein jeder Pfeiler noch mit einem Schutzwall von Feldsteinen zu umgeben war, so blieb kaum für die Wassermasse ein Durchfluß. Bei Eisstopfungen ist es aber umgekehrt wie bei Lawinen; ein

Atom kann hier die Schneemasse in Bewegung setzen und dort das Eis zum Stehen bringen.

Kam es aber darauf an, möglichst wenig Hindernisse in den Strom zu werfen, das heißt, nur eine geringe Zahl von Pfeilern zu errichten, so empfahl sich eine Draht- oder Kettenbrücke ganz von selbst. Man vergegenwärtige sich die großartige Spannung der Kettenbrücken über die Moldau bei Prag und über die Donau bei Buda-Pesth, oder denke an die spinnenwebenartige zu Freiburg in der Schweiz. Hier ist in der That eine Luftpassage konstruirt, kühn und genial.[6]

Unglücklicherweise eignen sich aber Drahtbrücken durchaus nicht zum Eisenbahnbau. Es ist nicht bloß der Mangel an Stätigkeit, ihre leichte Durchbiegung, ihr Schwanken selbst im Winde, es ist ganz besonders die Unmöglichkeit, sie für die Dauer *sicher* zu konstruiren, was ihre Benutzung für große Lasten so gefahrvoll macht. Wer sich noch der großen Unglücksfälle zu Angers und Genf erinnert, – dort riß die Brücke eine große Truppen-Abtheilung in den Strom, hier wich sie dem Gewichte bei der Probebelastung – wird weiter keine Bedenken dabei hegen.

Für den vorliegenden Zweck blieben schließlich nur zwei Arten von Brückenkonstruktionen übrig, von denen die eine freilich nur aus der andern entstanden ist, da beide demselben physischen Gesetze folgen.

Der geniale Stephenson machte nämlich darauf aufmerksam, daß die Anwendung von massivem Material nicht bloß einen Luxus darstelle, sondern auch einen Fehler enthalte. Nimmt man nämlich einen Balken, legt ihn mit seinen Endpunkten auf zwei Pfeiler und beschwert ihn in der Mitte; oder befestigt man einen Balken an seinen Endpunkten und zieht ihn in der Mitte mittelst einer Kraft in die Höhe, so wird derselbe im Stande sein, bis zu einem gewissen Punkte dem Gewichte, der Kraft Widerstand zu leisten. Sobald dieser Punkt überschritten wird, muß er brechen. Hierbei zeigt sich nun die eigenthümliche Erscheinung, daß, wenn die Kraft von Oben nach Unten wirkt, die obern Theile des Balkens sich zusammen, die untern aber auseinander geben (wirkt die Kraft von Unten nach Oben, so ist es umgekehrt); die eigentliche Mitte und selbst ein großer Theil des Balkens verhalten sich fast indifferent, sie bieten der Kraft einen nur geringen Widerstand dar, d. h. sie tragen nicht, sie sind unnütz. Aber nicht genug, daß diese innern Theile des Balkens überflüssig, sie sind auch schädlich, denn sie haben selber ein Gewicht; sie vermehren also die Kraft, welche auf den Balken wirkt.[7]

Auf Grund dieses so einfachen Gesetzes konstruirte Stephenson seine berühmte Britaniabrücke über die Menaistraße. Er höhlte einen vierkantigen eisernen Balken, d. h. er bildete eine Röhre, welche ein Rechteck als Durchschnitt zeigt, gab derselben Pfeilerstützen, legte das Schienengeleise in diese Röhre selbst und die Brücke war fertig. So genial dieser Gedanke ist, so klebt ihm doch etwas – ich möchte sagen – Rohes an. Diese Röhre ist nichts als die handgreifliche Verwirklichung eines physischen Gesetzes; es ist der ausgehöhlte Baumstamm des Indianers; die Dirschauer Brücke ist, damit verglichen, eine elegante Gondel. Und doch folgen beide demselben Gedanken.

Die Gitterbrücke ist das genialere Kind der genialen Britania-Röhrenbrücke.

Vergegenwärtigen wir uns, daß zur einfachsten Gestalt einer Brücke zwei Balken gehören, die parallel neben einander liegen und eine Bretterlage tragen. Die Entfernung der Endpunkte, auf welchen die Balken ruhen, von einander und die Stärke der letztern bestimmt deren Tragkraft. Ebenso hängt dieselbe von der spezifischen Dichtigkeit und Zähigkeit des Materials ab. Liegen nun die Stützpunkte weit auseinander, so wird es einer um so größern Stärke dieser Balken bedürfen, als dieselben zugleich bestimmt sind, große Lasten zu tragen. Bedenken wir nun, daß vorzugsweise die obern und untern Theile eines Balkens tragen, ferner daß ein schmaler und hoher Balken eine größere Last zu tragen vermag als ein breiter und niedriger, so ergiebt sich die Construktion eines idealen Balkens von folgender Art.

Man entfernt zwischen den allein brauchbaren obern und untern Theilen des Balkens die indifferent-schädliche Mittellage – wodurch man eigentlich zwei Balken erhält – und verbindet dieselben durch senkrechte Träger und gekreuzte Stäbe mit einander. Dadurch entsteht, seiner äußern Form nach, ein aufrecht stehendes Gitter, an welchem beim Laien die Träger und gekreuzten Stäbe als die Hauptsache erscheinen, während doch vorzugsweise[8] diejenigen beiden Balken die Tragfähigkeit dieses Gitters bestimmen, in welche oben und unten die Stäbe eingefalzt sind.

Dieser Gitter werden mehrere – mindestens zwei – auf den Stützpunkten, – den Strompfeilern, – vertikal neben einander gestellt und ihrerseits mit einander durch einzelne Stäbe verbunden, um die senkrechte Stellung nicht zu verlieren. Was aber bei gewöhnlichen Holzbrücken die Bretterlage, das ist hier eine auf Eisenstäben, die von Gitter zu Gitter gehen, ruhende horizontale Balkenlage.

Dem Leser wird es nach dieser Darstellung nicht schwer werden, in einem solchen Gitter nichts als einen idealen Balken zu sehen; er wird auch weit davon entfernt sein zu glauben, die Träger und die gekreuzten Gitterstäbe hätten nur die obern und untern Balken – Gürtungen genannt – aus und über einander zu halten. Nur die absoluteste Festigkeit in der Verbindung durch die Gitterstäbe bewirkt es, daß beide Balkengürtungen zusammen nur einen Balken darstellen. Wäre dieses nicht der Fall, so würde ein jeder dieser Balken, auf sich selbst angewiesen, dem ausgeübten Drucke durchaus nicht zu widerstehen im Stande sein. Es ist auch hier nur die Einheit, die so großartige Resultate hervorbringt.

Die Gitterbrücken eignen sich wie keine anderen zur Ueberbrückung von großen Zwischenräumen, namentlich also von Strömen, welchen durch Pfeiler die möglichst geringen Hindernisse entgegen gestellt werden dürfen.

Bei der Weichsel muß man nur unterscheiden das eigentliche Strombett von etwa 1200 Fuß Breite, in welchem sich der Strom, mit Ausnahme von ungewöhnlichen Anschwellungen, im Sommer zu bewegen pflegt, und das weitere Strombett, – zu welchem auch das sogenannte Vorland gehört – dessen Grenzen durch die Höhen von Dirschau und den Deich des rechten Ufers bestimmt werden. Die Breite dieses Strombettes beträgt, vom Beginne des einen Endpfeilers bis zum Ende des andern gemessen, 2668 Fuß. In diesem Raume nehmen die beiden Land- oder Uferpfeiler je 98¹/₂ Fuß ein; zwischen ihnen befinden sich fünf Strompfeiler, von denen zwei in dem eigentlichen Strombette zu stehen kommen. Dadurch entstehen sechs Brückenöffnungen, deren jede einzelne die überraschende Weite von 386 Fuß hat.[9] Bei der schon eben erwähnten Britaniabrücke, welche in drei Oeffnungen über die Menaistraße führt, beträgt die Weite der größten Oeffnung 447 Fuß, also 61 Fuß mehr; dagegen hat die Kinzig-Gitterbrücke bei Offenburg nur eine einzige Spannweite von 195 Fuß.

Die Höhe der Pfeiler ist, vom untern Absatz, d. h. etwa von der Höhe des niedrigsten Wasserstandes aus gerechnet, 35 Fuß; der höchste Wasserstand bleibt noch 12 Fuß unter der Brücke. Das Gitter selbst hat eine Höhe von beinahe 38 Fuß, so daß in der That – wie ein Arbeiter bemerkte – der Eisenbahnzug zwischen den Gittern den Eindruck einer Maus in einer Falle machen wird.

Nächst dem Gitter ist nichts interessanter als der Bau der Pfeiler. Kam es bei jenem darauf an, ein physisches Gesetz mittelst einer mathematischen Rechnung zu verwirklichen, so mußte man bei den Pfeilern der ganzen Unbändigkeit, Launenhaftigkeit und Zerstörungslust des allgewaltigen Stromes zu begegnen wissen. Das Gitter ließ sich nicht bloß auf dem Papiere oder als Modell darstellen, sondern auch ausführen; an der Unzuverlässigkeit der Pfeiler, deren Festigkeit sich absolut nicht voraussehen ließ, konnte schließlich aber doch das ganze Werk scheitern. Es ist so nicht gekommen; die Pfeiler stehen groß und unerschüttert da, wie ein Fels, der den Meereswellen trotzt; und wahrlich, sie haben schlimmern Kräften Widerstand zu leisten.

Die Landpfeiler sind mit vielfachen Gewölben, Kasematten, Schießscharten und ähnlichen Einrichtungen versehen, indem die Brücke nicht bloß dem Verkehre dienen, sondern zugleich einen befestigten Brückenkopf abgeben soll. Die Mittelpfeiler haben fast die Gestalt eines Schiffes, d. h. sie bilden ein an der schmalen Seite abgeschrägtes und zugespitzes Oblong, wie die Pfalz im Rhein. Sie stehen ihrer Länge nach, die 81 Fuß beträgt, dem Stromlaufe entsprechend, und sind 31 Fuß breit. Die Gitter ruhen unverschieblich nur auf der Mitte des ersten, dritten und fünften Mittelpfeilers, während auf den übrigen Pfeilern durch untergelegte auf gußeisernen Platten bewegliche Rollen der Veränderlichkeit der Längenausdehnung durch die Temperaturänderung Rechnung getragen ist. Man rechnet auf eine mögliche Ausdehnung von 3½ Zoll* für einen Raum zwischen zweien Pfeilern, also auf 21 Zoll für die ganze Brücke.

Höchst interessant ist die Art und Weise, wie die Strompfeiler gebaut sind.

An der Stelle, wo der Pfeiler zu stehen kommen sollte, schlug man in der Größe und Grundform desselben eine

Pfahlwand, die durch Ausbaggerung und Einrammen in eine möglichst große Tiefe versenkt wurde, während man den seit Jahrtausenden aufgeschwemmten Triebsand so weit als möglich herauszuschaffen suchte. In diese mit Wasser angefüllte Grube wurde demnächst ein Pfahlrost geschlagen und darauf eine aus Cement oder hydraulischem Kalk und grobem Kiese oder Stein- und Ziegelstücken bestehende Mischung – Béton genannt – geschüttet, welche im Wasser vollständig zu einer Steinmasse verhärtet. Man bediente sich dabei kleinerer Körbe, die erst in der Tiefe ausgeschüttet wurden, um eine größere Gleichmäßigkeit in der Mischung zu erzielen und zu verhüten, daß die schwereren Bestandtheile rascher zu Boden sänken. Auf diesem mehrere Fuß hohen zu Stein verhärteten Fundamente schüttete man längs der Pfahlwand einen Fangdamm bis über den Wasserspiegel, worauf das Wasser aus der Baugrube mit Leichtigkeit ausgepumpt und das Mauerwerk der Pfeiler ausgeführt werden konnte, zu welchem man vortreffliche, aufs Sorgfältigste bearbeitete Steinquadern und Formsteine verwendete, und erstere mittelst eiserner Klammern und Dübel, letztere aber durch Mörtel verband. Da wo sich der eigentliche Bogenschwall und das Eis zu brechen hatte, wählte man die spröde Basaltlava der Eifel; zur Mitte nahm man Sandstein und zur Spitze stromabwärts Granit.[10]

In einer Entfernung von 10 Fuß[11] umgiebt den ganzen Pfeilerraum eine starke Pfahlwand. Rings um dieselbe ist ein mächtiges Lager von unbehauenen Feldsteinen geschüttet, welche nicht bloß den Pfeiler im Allgemeinen gegen den Wasser- und Eisandrang schützen, sondern insbesondere Unterwaschungen, wodurch der Pfeiler eine Senkung erfahren könnte, verhüten sollen. Da dieser Steinwall aufs Genaueste gemessen worden, so ist man leicht zu erkennen im Stande, ob sich eine Veränderung zugetragen habe, und kann durch

Nachschütten von Steinen den Mangel heben. Mir wurde mitgetheilt, daß um einen dieser Strompfeiler allein 1600 Schachtruthen – d. s. also 230,400 Kubikfuß – Steine geschüttet wären.

Zwischen den eisernen Gittern, deren lichte Weite 20 Fuß beträgt, wird in einer Höhe von 6 Fuß über dem unteren Rande der Gürtung das Schienengeleise und zu dessen beiden Seiten die Bahn für gewöhnliches Fuhrwerk laufen. Für Fußgänger dient eine an der Außenseite der Gitter zu beiden Seiten angebrachte Gallerie von 3 Fuß Breite, ein luftiger, schwindelerregender Gang!

Sieht man die Gitter von der Seite aus einiger Entfernung, so ist es schwer das Durchbrochene, Luftige, Spitzenartige des Baues zu erkennen. Anders wenn wir die Brücke selbst betreten. Die imposante Höhe der Gitter, welche über dem schnell dahinrauschenden Strome zu schweben scheinen; der eigenthümliche, hell klingende Luftzug, der durch die Gitter streicht; der Blick in die weiteste Ferne; der schöpferische Gedanke, der aus dem Werke redet, gewähren einen Eindruck, der erhebend und überwältigend wirkt. Es ist die Empfindung, wie wir sie auf den durchbrochenen Thurmspitzen gothischer Dome haben. Und doch, so erhaben der Eindruck ist, den dieses Werk in seiner Totalität hervorruft, vorzugsweise ist es doch das Detail, die geistvolle Technik, die mathematische Genauigkeit, was uns immer und immer zur Betrachtung des Einzelnen nöthigt und uns den allgemeinen Standpunkt der bloßen Bewunderung aufzugeben zwingt.

In Betreff der Sicherheit und Solidität übertrifft der berechnete Belastungswiderstand denjenigen der Convaybrücke um beinahe ein Drittheil. Für diese ergab sich bei der Probebelastung von 1313 Pfund auf den Fuß der Brückenlänge $1^1/_2$ Zoll Durchbiegung. Bei der Weichselbrücke sollte die letztere für die weit größere Belastung von 2128 Pfund auf den Fuß der

Länge nur $5/8$ Zoll betragen. Nach der am 20. Oktober 1855 stattgefundenen Wegnahme der Stützen unter dem Oberbau der beiden mittleren Oeffnungen bestätigte die thatsächlich eingetretene Durchbiegung das durch die Rechnung[12] für das eigene Gewicht der Brücke voraus bestimmte Resultat in glänzender Weise. Auch das Resultat der wenige Tage darauf vorgenommenen Probebelastung von 1,923,000 Pfund oder 2323 Pfund auf den Fuß der Länge entsprach der statischen Berechnung des Bauprojektes durchaus. Die erfolgte Durchbiegung betrug $1/2$ Zoll $4 1/2$ Linien. Nach Entfernung der Belastung hob sich das Gitter wieder um die durch jene erfolgte Senkung vollständig.

Nach ganz analogem Systeme wird auch die zweite Brücke bei Marienburg konstruirt, welche die Nogat mittelst zweier Brückenöffnungen von 312 Fuß Weite und zweier massiver Bogen von 52 Fuß Spannung an jedem Ufer überschreitet.* Ein von dem Königlichen Ministerium für Handel und Gewerbe herausgegebener Atlas in 19 Tafeln[13] gewährt nicht nur eine detaillirte Einsicht in die technische Anordnung des Ganzen wie der einzelnen Theile des großartigen Baues, sondern gestattet auch in verschiedenen perspektivischen Ansichten[14] ein antizipirtes Urtheil über den Eindruck, welchen der Bau in seiner Vollendung auf das Auge des Beschauers hervorbringen wird. Dieser Eindruck, welcher im höchsten Grade großartig und überraschend ausfallen muß, wird wesentlich bestimmt durch eine Doppelreihe krenelirter Thürme, in deren Mauerwerk die Gitter eingefügt sind, welche von ihnen ungefähr um ihre eigene Höhe überragt werden. Die Thürme der Mittelpfeiler sind rund, die der Eckpfeiler vierkantig. Letztere bilden mit der sie verbindenden krenelirten Quermauer die Portale, welche durch spitzbogenförmige Wölbungen den Zugang zu den Brücken gestatten. Bei der Weichselbrücke sind diese Portale einfach und schmucklos gehalten, überraschen aber durch die seltene Harmonie ihrer Verhältnisse; dagegen prangen die Portale der Nogatbrücke in vollem Schmuck des gothischen Baustyls.[15]

Werkstätten

Wie Alles sich zum Ganzen webt,
Eins in dem Andern wirkt und lebt!
Göthe, *Faust*

Wenn wir ein Geldstück gedankenlos zwischen den Fingern rollen, fällt es uns am wenigsten ein, der Arbeiten, der Vorbereitungen zu gedenken, welche nöthig waren, damit das Stückchen Metall diese bestimmte Gestalt annahm. Bei einem neuen Hause, das eben festlich eingeweiht wird, erinnert man sich selten der Handlanger, der von ferne herbeigeschafften Materialien, des fortgeräumten Bauschuttes. Die Gegenwart verschlingt Alles und wird wiederum von der kommenden Zeit verschlungen.

So wird auch der Reisende, der nach Jahresfrist in glänzendem Waggon über die von den Rädern geglätteten Schienen durch die luftige Halle der Weichselbrücke rollt, sich weder der großartigen Gedankenarbeiten in den Köpfen der kühnen Techniker, welche dieses Werk schufen, noch der Handlanger erinnern, auf deren Trinkgefäßen wir das begeisterte: „Es blühe der Brückenbau!" lesen, noch des Schuttes und der Steinfragmente, die uns vor die Füsse rollen, noch all der Dampfmaschinen, Eisenbahnen, Schuppen und Wohngebäude, jenes ganzen ungeheuren Apparates, welcher fast in meilenweiter Entfernung auf den Brückenbau als den allgemeinen Centralpunkt hindeutet. Auch von dem verunglückten Arbeiter wird kein trinkgeldbegieriger Führer mehr erzählen, der vor zwei Jahren von dem Holzgerüste auf den den einen Pfeiler umgebenden Steinwall herabgestürzt ist. Wie eine Sage wird einst der pflügende Ackersmann von der Cementfabrik, der Eisengießerei und Maschinenwerkstätte sprechen, die mit ihren weitläufigen Gebäuden jetzt viele Morgen Ackers bedecken und dann verschwunden sein werden. Und doch ist gerade das Werden das Interessante, denn es ist das Leben; hinter dem Gewordenen, Fertigen steht wie ein blasses Bild die Vernichtung, der Tod.

Sehen wir uns deshalb, bevor die Dirschauer Brücke diesen Punkt erreicht hat, ihre Umgebung an, werfen wir einen Blick in ihr Werden.

Es war im Jahre 1847, als ich zum ersten Male etwas vom dortigen Brückenbau kennen lernte; die Postverbindung war damals so mangelhaft, daß man, von Bromberg kommend, 10 Stunden auf die korrespondirende Post warten mußte. Ich ging am Weichselufer spazieren und bemerkte einen alten Invaliden, der mich auf dem zum Theil schon geebneten Uferplateau – da wo jetzt der Bahnhof steht – herumführte und mir kopfschüttelnd von dem in Rede stehenden Projekte erzählte. Ihm schien es fast eine Gottlosigkeit, über diesen Strom einen Pfad zu schlagen. Einige Jahre später fand ich bereits Alles in der vollsten Thätigkeit; einer von den großen Pfeilern ragte schon weit aus dem Wasser hervor. Einige weitere Jahre, und die Brücke ist so gut wie vollendet. Meinen Invaliden sah ich schon das zweite Mal nicht mehr.

Die Brücke besteht aus Eisen und Mauerwerk; außerdem ist Holzmaterial zu den Pfahlwänden und zu dem komplizirten Gerüste erforderlich gewesen.

In Betreff des Mauerwerkes betrachten wir zuvörderst den Ziegelbau.

Dirschau hat als Mittelpunkt großartiger Bauten eine vom

Geschick selten gewährte günstige Lage. Die Situation an einem schiffbaren im nahen Meere mündenden Strome, an einer Eisenbahn, ist allein schon hoch anzuschlagen. Es kommt aber dazu, daß im Umkreise weniger Meilen fast alle diejenigen Materialien angetroffen werden, welche das Land überhaupt darbietet; daß sämmtliche Materialien von einer vorzüglichen Beschaffenheit, und – was die Hauptsache – sehr billig zu erlangen sind. Zu dem Holzgerüste gewähren die Flöße, welche auf der Weichsel aus dem südlichern Westpreußen und aus Polen kommen, das Holz; der Thon zu den Ziegeln wird in Kniebau[16] gegraben und daselbst auch verarbeitet; die davon fabrizirten Ziegel sind auffallend hellgelb, mitunter ins Röthliche spielend und von ausgezeichneter Härte. Die Provinz Preußen ist reich an vorzüglichen Mergellagern, welche für die dortige Agrikultur mehr bedeuten wollen, als alle Guanoinseln. Der Werth dieses Mergels bestimmt sich ganz besonders nach seinem Kalkgehalte. Bei Dirschau ist der letztere nun so groß, daß der Kalkmergel unmittelbar als Cement[17] verwendet werden darf. Um nun aber, wie beim Brennen der Kalksteine, aus dem Mergelkalk die Kohlensäure zu entfernen, sind vier Oefen konstruirt, in welchen schon seit Jahren das Feuer nicht ausgegangen ist. Man streicht zu dem Zwecke des Brennens den Mergel in Ziegelformen von gewöhnlicher Größe (Patzen) oder auch in kleinen kubischen Formen, von denen acht auf einen gewöhnlichen Ziegel gehen, und welche den in der Niederung fabrizirten kleinen Käsen (Zwergen) frappant ähnlich sehen. Diese demnächst an der Luft in besondern Schuppen getrockneten Ziegel werden durch eine Oeffnung von oben in die, dicken Schornsteinen gleichenden, Oefen geschüttet und durch die Hitze chemisch verändert. Zum Mahlen dieses gebrannten Mergelkalkes (Cementes) sind Dampfmühlen bestimmt. Soll er zum Mörtel dienen, so untermischt man denselben während des Mahlens gleich mit feinkörnigem Sande – der aus dem Weichselbette gegraben wird – und feuchtet ihn mit Wasser an, so daß der Mauermörtel aus der Maschine – die darum auch Mörtelmühle heißt – fertig herauskommt.

Ein Theil dieses Cementmehles bildet, mit grobem Kiese oder Stein- und Ziegelstücken in einem Cylinder durchgeschüttelt, die wunderbare, oben schon erwähnte Mischung, welche man zu den Fundamenten der Brückenpfeiler benutzt hat, und Béton heißt. Diese Mischung hat die sonderbare Eigenschaft, im Wasser sehr schnell zu verhärten, soll an der Luft aber allmählig verwittern.[18] Sie ist also recht eigentlich zu Wasserbauten wie gemacht, und man darf wohl dreist behaupten, daß ohne die Erfindung des Bétons der Bau der Weichselbrücke noch unendlich mehr Schwierigkeiten dargeboten haben würde. Mir wurde ein Stück Béton gezeigt, welches bereits längere Zeit im Wasser lag; aber trotz des starken Kalkgehaltes hatte das Wasser keine Färbung angenommen, auch war es nicht möglich, durch Abkratzen eine Trübung hervorzubringen. Als ich im Jahre 1856 den Brückenbau besuchte, konnte ich kaum ein Stück Béton auftreiben, – weil dieses Material nicht mehr gebraucht wird; endlich fand ein Arbeiter noch ein kubisches Stück unter andern Steinen. Dasselbe hatte dort schon einige Zeit an der Luft gelegen und wir zerschlugen es ziemlich leicht. Mich erinnert diese Mischung übrigens lebhaft an die Nagelfluhe, aus welcher die Vorgebirgsmauer der Alpen und namentlich der Rigi gebildet ist.

Außer den Ziegeln, dem Mörtel und Béton ist zu dem Mauerwerk vorzugsweise gebrochenes Gestein verwendet worden. Wenn ein Naturforscher nach Jahren einmal Basaltlavastückchen[19] in der Nähe Dirschaus am Weichselufer finden sollte, wird er sich der Brückenpfeiler erinnern, um nicht in seinem neuesten Werke über Basalte auch die Dirschauer zu citiren.

Die zum Bau nothwendigen Blöcke kommen nach Dirschau theils bearbeitet, theils in roher Gestalt, werden aus den Weichselkähnen mittelst eines Krahnes (Kranichs) in die Höhe gewunden und auf einer Eisenbahn zu einer Steinschneidemühle geschafft – der einzigen übrigens, bei welcher man sich der Wasserkraft bedient, – um von einer Säge zerschnitten zu werden. Da diese Säge aber keine Zähne hat, so sollte man sie lieber ein Messer nennen; auch ist es nicht bloß dieses Instrument, was den Stein zertheilt, sondern zugleich der in die Furche gestreute Sand, welcher angefeuchtet und durch die Bewegung des Messers hin und her geschoben, dessen Eindringen in den Stein ermöglicht.

Die Anfertigung der Gitter geschieht in der an der Eisenbahn nach Danzig liegenden Maschinenbauanstalt, welche mit ihrer Fülle von Gebäuden, Dampfmaschinen, Hofräumen, Schuppen, Wohngebäuden für die Arbeiter eine kleine Welt für sich bildet. Mir fiel weniger das sinnverwirrende Hämmern, Brausen, Stampfen, das Geschäftige der Arbeiter, die ungeheure Wirkung der Kräfte auf, als vielmehr der eine Umstand. Ich hatte mir vorgestellt, die Gitter würden in der Fabrik vollständig konstruirt und dann als Ganzes und mit einem Male aufgestellt, – wie das bei der Britaniabrücke der Fall gewesen ist. Statt dessen fand ich die Arbeiter an einer unendlichen Fülle kleiner Stücke, Platten, Stäbe beschäftigt, mit außerordentlicher Sorgfalt die Kanten und Flächen, namentlich die von den Stampfen eingeschlagenen Löcher prüfend, daran feilend und rundend, wie man in der Münze jedes einzelne Geldstück sorgfältig wiegt und prüft. Denn erst an Ort und Stelle wird Stück für Stück aneinander gefugt und geschroben. In der Anstalt selber geschieht das Zusammensetzen nur der Probe halber. Auf diese Weise bietet der Transport der einzelnen Theile durchaus keine Schwierigkeit dar.

Dafür bedurfte es aber der Konstruktion eines vollständigen Gerüstes, welches von Unten und Oben, Innen und Außen das Gitterwerk umschließt, mit seinem untern Theile in dem Strome selbst steht und sich zwischen zwei Pfeilerräumen hinzieht. Wem große Summen imponiren, der mag sich merken, daß allein der Holzwerth an diesem Gerüste 40,000 Thaler beträgt. Da dasselbe Gerüst immer zu je zwei Pfeilerräumen, d. h. zu einem Drittheil der Brücke verwendet wird, im Winter sein Verbleiben im Strome wegen des Eisganges auch gefährlich[20] ist, so muß das ganze Gerüst im Herbste ans Land geschafft und in jedem Sommer ein Drittheil der Brücke vollendet werden. Bis jetzt (Herbst 1856) sind zwei Drittheile überbrückt. Das letzte Drittheil sieht seiner Vollendung im Sommer 1857 entgegen.

Dieses sind die Haupterscheinungen, welche sich als eine bloße Vorbereitung, als ephemere, der einen Brücke dienende Institute darstellen. Bedenkt man, daß das ganze Ufer auf eine weite Strecke hin geebnet, mit einem Netze von Eisenschienen bedeckt, daß eine große Zahl von Gebäuden errichtet ist, welche alle verschwinden müssen, sobald das große Werk vollendet worden; daß alle die tausend werkthätigen Hände sich in andern Verhältnissen eine Arbeit suchen werden, wenn man ihrer nicht mehr bedarf, so fühlt man doppelt die Bedeutung, die Erhabenheit der grandiosen Schöpfung. Schätzen wir doch meist die Größe mehr nach den Voraussetzungen, auf welche sie sich gründet, nach den Opfern, welche sie fordert, als nach ihrem eigenen Werthe. Aber selbst ohne die genauere Kenntniß dieser Voraussetzungen wird dieses Werk die Bewunderung jedes denkenden Menschen erregen. Denn was so laut, so eindringlich aus diesen Eisenstäben, diesen Pfeilermauern spricht, das ist die allbezwingende, sich an Alles wagende, vor nichts zurückschreckende Menschenkraft, jener Geist der „Gottlosigkeit", den die Frommen nicht verstehen und den auch der alte Invalide nicht begriff. Es ist derselbe Geist, der aus den ägyptischen Pyramiden und aus den Werken des stolzen Rom spricht, der die Simplonstraße ebnete und Amerika entdeckte. Wer diesem Geiste nicht gewachsen ist in seiner Kleinheit, der hat diesen Pfeilern wohl einen baldigen Sturz prophezeiht; der hat sie verläumdet, daß s i e den großen Durchbruch im Jahre 1855 verschuldet hätten, oder wohl gar behaupte, diese stolzen Pfeiler senkten sich bereits nach einer Seite. Sie werden diesen Geist nie begreifen. Das Volk folgt gern solchen Vorstellungen; es verwünscht bereits dieses Werk; vielleicht daß nach einigen Jahrhunderten der Schiffer an den letzten Trümmern dieser „Teufelsbrücke" scheu vorüber fährt.

Die Andern nennen sie spöttisch „ein bloßes mathematisches Problem, eine physikalische Vergeistigung der Materie"; auch mit diesen ist nicht zu streiten. Es sind dieselben Menschen, die den Geist in den kunstvollen Bauten der Polypen, in den Dünenreihen nicht begreifen, die dadurch entstehen, daß sich Sandkorn auf Sandkorn häuft. Wer aber in dem Gesetze, das die Materie durchdringt, auch einen Theil des ewigen Geistes sieht und in der Erkenntniß dieser Gesetze den Sieg des Menschengeistes über den an und für sich trägen Stoff, der wird von diesem großen Werke einen erhabenen, unvertilgbaren Eindruck mit fortnehmen, das Bewußtsein von der Ewigkeit des die Materie zwingenden Menschengeistes. In diesem Sinne wird auch dieser Bau ein e w i g e r sein, selbst wenn nur noch die verwitternden Trümmer des letzten Pfeilers aus dem Strome ragen, und das Kreuzschlagen des scheuen Schiffers wird nur der Beweis dafür sein.

II. Danzig

Positionen

Die Stadt Dirschau bildet ebenso einen Brückenkopf für die Weichsel, wie Marienburg für die Nogat. Sie bezeichnen die naturgemäßen Uebergangspunkte für beide Ströme. Es liegt den scheinbar willkührlichen Städtegründungen ein tiefes Gesetz zu Grunde, welches jener Unkundige, der sich über die Neigung der Ströme, an großen Städten vorbeizufließen, wunderte, zu erkennen nicht im Stande sein wird. Ja wir können dreist behaupten, daß an der Stelle, wo wir eine Stadt vorfinden, sich eine solche nothwendig bilden mußte. Denn Städte sind die Krystallisationspunkte eines Landes. Wie sich die Bedeutung eines Platzes aber erst recht offenbart, wenn sich die in ihm konzentrirten Interessen eines Landes nach Außen hin richten, so werden auch diejenigen Krystallisationspunkte die bedeutendsten sein, in welchen sich dieser Zug ausspricht. Es sind die See- und Flußhandelsstädte. Wir finden deshalb da, wo große Ströme im Meere münden, stets einen Handelsplatz angelegt; denn die Flußader bietet ganz von selbst einen leicht und billig zu benutzenden Handelsweg dar, auf welchem die Landesprodukte dem Meere und fremden Ländern zugeführt werden. Dergleichen Städte bilden sich aber nicht nothwendig unmittelbar an der Mündung des Stromes. Denn Handelsstädte sind nicht bloß Krystallisationspunkte für den Verkehr, welcher längs des Stromes die See und überseeische Länder sucht, sie sind meist zugleich der Mittelpunkt für das Binnenland, welches sie repräsentiren, und den Landtransport. Außer dem Verkehr, der Zufuhr in der *Länge* des Stromes giebt es auch Handelswege, welche denselben *überschreiten*. Der Punkt, wo sich diese Wasser- und Landstraßen naturgemäß schneiden, ist offenbar der für die Anlage eines Stapelplatzes, einer Handelsstadt geeignetste. Wir sehen deshalb, daß fast alle großen Handelsstädte in einiger Entfernung von dem Meere an einem großen Strome, oder – was dasselbe ist – an einem Meeresbusen liegen, wie z. B. Petersburg, Riga, Königsberg, Danzig, Stettin, Hamburg, Bremen, Amsterdam, Antwerpen, Rouen, London, Bordeaux u.s.w. Alle diese Städte sind zugleich Binnen- und Seehandelsstädte. Weil aber die unmittelbare Nähe der See immer einen großen Reiz zur Gründung eines reinen Seehandels-Etablissements darbieten wird, so finden wir bei den meisten der genannten Handelsstädte noch am eigentlichen Ausflusse des Stromes, an welchem sie liegen, oder da wo der enge Meerbusen, das Haff sich öffnen, kleinere nur dem Seehandel ausschließlich gewidmete Städte, welche man deshalb auch Hafenstädte nennt. So ist Pillau der Hafenplatz für Königsberg und Elbing, Neufahrwasser für Danzig, Swinemünde für Stettin, Cuxhafen für Hamburg u.s.w. Wo der Verkehr fast ausschließlich der Längenrichtung des Stromes folgt, wie beim Nil, kommt es wohl vor, daß die Hafenstadt außergewöhnlich groß ist und als selbstständiger Handelsplatz auftritt.

Selten hat eine Stadt eine in handelspolitischer Hinsicht naturgemäßere Lage als Danzig. Von Dirschau wendet sich die Weichsel ein wenig nordöstlich, behält diesen Lauf bis zum Danziger Haupte bei, schickt eine Hälfte östlich ins frische Haff und fließt zur andern Hälfte westlich. Da wo sie sich den die Stadt Danzig beherrschenden Höhen nähert, wendet sie sich plötzlich nach Norden und ergießt sich ins Meer.[21] Danzig liegt nun genau zwischen diesem Weichselarme und den genannten Höhen. Am nördlichen Fuße derselben breitet sich eine weite Ebene bis zur See aus, auf der sich neben dem Höhenzuge ganz naturgemäß die Straße von Pommern hinzieht. Diese Verkehrsstraße trifft bei Danzig auf die Weichsel; sie braucht dieselbe in ihrer Richtung nach Elbing zu aber nicht zu überschreiten, sie kann vielmehr dem Strome in dessen östlichem Laufe bis ins frische Haff, bis nach Elbing folgen. Es ist die uralte Wasserstraße, welche den Landweg ersetzt, und wahrscheinlich schon vom Bischof Adalbert bei seiner Fahrt nach Preußen eingeschlagen worden ist.* Der Punkt bei Danzig muß also unter allen Umständen den Berührungspunkt für die Wasser- und Landstraße bilden.

Ganz ähnlich ist das Verhältnis bei Elbing. Diese Stadt liegt eigentlich an der Nogat, in demselben Sinne, in welchem wir auch Alexandrien als Nilstadt bezeichnen. In dem jetzigen[22] Mündungssystem der Nogat, also mitten in der Niederung, konnte sie darum nicht gegründet werden, weil sich sonst die Interessen der benachbarten „Höhe“ der Krystallisation entzogen haben würden. Wir finden daher Elbing – das uralte Truso** – zwar in der Flußebene des Elbingstromes, aber doch da gegründet, wo sich Höhe und Niederung die Hand reichen.

Danzig folgt nicht nur demselben Gesetze, hier tritt außer Höhe und Niederung noch die dritte charakteristische Bildung des Weichseldelta's, die Sanddünenbildung der Nehrung hinzu, um die Bedeutung der Position noch zu unterstützen.

Nichts scheint willkürlicher als die Gründung von Dirschau und der Marienburg und deren Bestimmung als Brükkenköpfe, und doch ist die Lage auch dieser Städte nur eine nothwendige Consequenz der Uferbeschaffenheit der Weichsel und Nogat. Dirschau liegt nämlich gerade da, wo die linke Uferhöhe der Weichsel zum letzten Male an den Strom tritt und demnächst weiter im Norden das Danziger Werder beginnt. Marienburg aber bezeichnet den Punkt, wo die, die Elbinger Niederung in einem Bogen umschließenden Höhen die Nogat berühren. Das Zusammentreffen von Höhe und Niederung bestimmt auch hier die Nothwendigkeit der Stromübergänge an diesen beiden Punkten.

Gleich hinter Dirschau verläßt die Eisenbahn die Höhe des linken Weichselufers, auf der sie sich von Bromberg her gehalten, senkt sich in die Niederung, welche hier den Namen des Danziger Werders führt, durchschneidet demnächst einzelne Ausläufer der links sich erstreckenden Höhe und hält sich ungefähr in der Mitte zwischen dieser und der Niederung bis Danzig. Von Praust (aus Probstei entstanden) ab gewinnt die Fahrt einen ungemeinen Reiz durch die zur Linken aufsteigenden Höhen, bedeckt mit Buschwerk, Feldern, Villen, Kirchen. Ort drängt sich an Ort. Auf St. Albrecht folgt Scharfenort, Guteherberge, Nobel (aus Konstantinopel gebildet), Drei-Schweinsköpfe (von dem Wappen der Patrizier-Familie Ferber hergenommen) und sodann Ohra, Stadtgebiet, Hoppenbruch, Altschottland. Ueber die ganze Gegend, die vorzugsweise dem Gartenbau dient, ist der Zauber der Wohlhabenheit, Behäbigkeit und Schönheit ausgegossen. Links von der Eisenbahn zieht sich die alte Poststraße hin mit ihrer Doppelreihe lombardischer Pappeln, und die durch einen Damm nach der Niederung hin begrenzte Radaune, deren Namen Gelehrte alles Ernstes vom Eridanus der Alten ableiten, die später Danzig mit Trinkwasser versieht und bedeutende Mühlenwerke treibt.

Gestattet es der Platz im Eisenbahnwagen, so werfe man einen Blick auf die imposante Höhe des Bischofsberges mit seinen großartigen Festungswerken und Kasernen und auf die in der Ebene sich breit hinlagernde Stadt, aus der die Marienkirche mit ihrem Thurmkolosse sich nicht mitten aus einer Stadt, sondern aus einer „Ebene zu erheben scheint“.

Privatarchitektur

Blick' ich herauf, hieher, hinüber,
Allunverändert ist es, unversehrt.
Göthe, Faust.

Schilling* erzählt, ihm habe es bei seinem ersten Eintritte in Danzig geschienen, als seien die Häuser von Glas. In der That ist der Eindruck, den wir in den Straßen Danzigs empfangen, ein so wunderlicher, so ganz und gar außergewöhnlicher, daß wir Mühe haben, uns der Ursachen bewußt zu werden, welche so eigenthümliche Empfindungen hervorrufen. Beim ersten Blicke scheint nämlich nichts Außergewöhnliches diesen Eindruck zu rechtfertigen; die Gebäude enthalten nichts, was wir zerstreut nicht schon anderswo gesehen; die vorherrschende Enge der Straßen, der Mangel vieler großer Plätze, die Gleichförmigkeit der Architektur, das Fehlen des Trottoirs, ein nicht sehr ebenes Pflaster, sind unstreitig Momente, die einzeln genommen keinen erquicklichen Eindruck machen können; und dennoch fühlt sich der Fremde wie in einem nicht zu bannenden Zauber befangen. Es ist dasselbe Gefühl stiller Seligkeit, das mich überkam, als einst an einem Mondscheinabend in Nürnberg vor der Sebalduskirche beim Rauschen des kunstvollen Brunnens aus einem geöffneten Fenster die Klänge eines Schubertschen Liedes zu mir herüberwehten.

Was ist der Grund dieser seltenen Empfindung? – Es ist die Harmonie. Gebt uns die Schönheit des vollendesten Kunstwerkes, aber stellt es dahin, wohin es nicht gehört, und wir fühlen die Schönheit nicht, denn wir sehen die Disharmonie; aber schlagt zwei Töne an, die ein jeder für sich silberhell klingen, zusammen aber keine akustische Uebereinstimmung ihrer Schwingungen haben, und wir hören nur den Mißklang. Aber wo fern von aller Regel- und Rücksichtslosigkeit sich der Geist der Ordnung, Einheit und Harmonie ausspricht, wo – wie in diesen wundervollen Häuserreihen – die Seele einer glänzenden Epoche, noch unberührt von dem modernen Flitter und der modernen Gleichmacherei aus den Facaden, die noch nicht todten Larven, sondern lebenden Gesichtern gleichen, blickt, – da giebt es noch eine Erhebung, ein stilles inniges Gefühl, denn wir athmen die Luft, durch welche der harmonische Dreiklang der Schönheit zittert.

Haben wir uns von dem ersten entzückenden Eindrucke befreit, so suchen wir uns mit Recht der Gründe bewußt zu werden, welche diese Harmonie bedingen. Nach dem Aufschwunge des Geistes folgt nothwendig die Analyse; und wenn wir eine Blume genugsam bewundert haben, greifen wir nach der Loupe.

Die Architektur Danzigs steht nicht vereinzelt da. Wer Königsberg und Elbing kennt, oder Hamburg, oder eine der andern norddeutschen Städte, hat diese hochgegiebelten Häuser mit hellen Spiegelscheiben, die Treppen und Bäume davor bereits alle gesehn. Was aber in andern Städten hievon nur in einzelnen Straßen oder gar nur an einzelnen Häusern auftritt, das ist in Danzig die herrschende Regel.

Das Mittelalter, die Zeit der Hansa, in welcher diese Architektur die ersten Impulse empfing, hatte keine Ahnung von der Ausdehnung unserer heutigen Städte. Die Gemeinsamkeit des Lebens, die Gefahr von Außen, der Gegensatz von Stadt und Land zogen die Grenzen um die Stadt so enge als möglich. Wie damals noch kein „Westend“ bestand, so gab es auch keine Villen vor den unsichern Thoren, noch weniger Gärten innerhalb der Mauern des eng umschlossenen Stadtraums. Der Grund und Boden war den Bürgern kärglich zugemessen. Nur die öffentlichen Gebäude blickten mit breiten

Fronten nach den enge gewundenen Straßen; dem Privatmanne war selten eine Fronte von mehr als drei dicht neben einander gestellten Fenstern gestattet. Daher stehen die Danziger Häuser alle mit der schmalen Längenseite nach der Straße zu und dehnen sich ganz unverhältnismäßig nach hinten aus. Oft geht die schmale Hinterfronte bis zu der parallel laufenden Hintergasse; oder es befindet sich zwischen dem Vorder- und dem Hintergebäude ein kleiner Hof, auf dem ein Seitengebäude die beiden Hauptttheile verbindet.*

War aber der Grund und Boden aufs Aeußerste beschränkt, man baute in den freien Luftraum. Daher sind die Danziger Häuser alle so hoch und so thurm- und laternenartig luftig. Es entstand nur die Frage, wie man in diese hohen, tiefen, dunkeln Gebäude Licht schaffen mochte. Dieses konnte nur durch sehr hohe und ganz eng neben einander gestellte Fenster bewirkt werden, wodurch die Facaden eben dieses Glasartige, Durchbrochene, Glänzende erhalten. Was aber diesen Eindruck ganz besonders verstärkt, das ist die Feinheit des Glases selber, welches spiegelnd und krystallklar die schönsten Reflexe hervorbringt. Ein grünes düstres Glas, wie es vielfach in andern Städten benutzt wird, selbst das gewöhnliche weiße Fensterglas, wird in Danzig kaum irgendwo angetroffen. Der Reflex wird noch dadurch verstärkt, daß die großen Scheiben ganz ungebräuchlich sind und dafür nur kleinere etwa ein Viertel so große vorkommen; denn offenbar bringen mehrere und kleinere Flächen vielfachere Reflexe hervor als eine einzige große. Ganz besonders lebhaft wird der Spiegelglanz aber dadurch, daß die Scheiben nicht als eine vollständig ebene Platte behandelt werden, sondern geschliffen eine Biegung erhalten, die bald konvex, bald konkav ist. Die erstere Form sammelt, die zweite zerstreut die darauf fallenden Spiegelbilder, und es ist zweifelhaft, welche Art des Einsetzens frappanter wirkt. Durch diese Behandlung des

Fensterglases erhalten die Gebäude in der That ein so glänzendes krystallnes Aussehn, daß man mit Schilling geneigt ist anzunehmen, sie seien überhaupt von Glas. Außerdem lassen diese Scheiben keinen indiskreten Blick in das Innere der Gebäude zu.

Eine zweite Eigenthümlichkeit der Häuser ist ihre abgesonderte Stellung. Reisende, die in London gewesen, erzählen uns von der festungsartigen Abgeschlossenheit der dortigen Wohnhäuser, deren Trennung von der Straße durch einen Graben und ein Gitter, woher die Engländer zu ihrem stolzen: *my house is my castle* schon rein äußerlich gekommen sind. Gerade so ist es in Danzig. Der Mangel aller Bürgersteige fällt dem Fremden hier ganz besonders auf. Die Straße ist für die Oeffentlichkeit bestimmt; sie wird an beiden Seiten von einem Graben begrenzt, der in den meisten keinesweges an einen modernen Rinnstein erinnert. Was demnächst folgt, ist nicht der tolerante, indifferente Pfad des Bürgersteiges, dieser trottoirsüchtige Philistersteig, an welchem – nach dem preußischen Landrechte – die Hauseigenthümer nur das Nutzungs- (nicht Eigenthums-) Recht haben, sondern das absolute abgeschlossene Privateigenthum. Man geht daher in Danzig stets in der Mitte der Straße, gerade so wie es früher auch in Königsberg war; und wenn in Berlin ein solcher trottoirflüchtiger in der Mitte der Straße fest einherschreitender Danziger hieran sofort erkannt und ausgelacht wird, so kann man den Berlinern billig antworten: Kommt nach Danzig und versucht ihr es, auf – dem Trottoir zu gehen!

Den Raum, der sonst zu den Bürgersteigen verwendet wird, nimmt eine Platte, ein sogenannter „Beischlag“ ein, der, meistens mit Steinfliesen belegt, vor der ganzen Fronte des Hauses hinläuft.* Gegen den Graben hin ist derselbe durch eine niedrige Mauer von behauenen Steinen (Wangelsteinen) in zierlicher Form begrenzt, an der bei vielen Häusern sich kunstvolle Reliefdarstellungen befinden. In der Mitte dieser Mauer ist ein Raum zum Durchgange offen gelassen, von wo aus eine breite Steinplatte über den Graben nach der Straße gelegt, gleichsam eine Zugbrücke bildet. Das Geländer dieser Brücke besteht aus dicken, oft verzierten eisernen Stangen mit großen Messingkugeln, die oben an den Wangelsteinen befestigt sind und am Eingange von der Straße auf mächtigen Steinen in Form von Kugeln, Eicheln etc. ruhen. Diese Geländer sind es ganz besonders, die den Charakter der Beischläge bedingen. Aus den mächtigen, oft einige Fuß im Durchmesser haltenden Steinkugeln spricht ein stolzes: *my house is my castle*; es liegt in ihnen etwas, was an tausendpfündige Mörser erinnert.

Selbst wo die Beischläge und Brücken entfernt oder vielleicht nie ausgeführt worden sind, stecken vor vielen Häusern diese deutlich redenden Steinkugeln im Steinpflaster und dienen als Schutzwehr gegen die dahinter befindlichen Gräben.

Es giebt wenige Straßen, in denen nicht wenigstens vor einigen dieser Beischläge Linden ständen. Dieser edle Baum wird in Danzig viel zu sehr geachtet, als daß der Magistrat, wie in vielen andern Städten, deren Entfernung verlangte, oder daß man den stolzen Wuchs mit Säge und Scheere verstümmelte. Er beschattet nicht nur die Beischläge und macht den Aufenthalt daselbst zu einem höchst angenehmen, er gewährt auch der ganzen Straße eine Zierde, wie sie wenige Städte haben. Denn diesen Lindenbäumen fehlt durchaus alles Gestutzte, Regelmäßige, Alleeartige; es sind nichts als einzelne Bäume, welche ihr Haus, vor dem sie stehen, schmükken wollen.

Die Dachspitzen der Häuser – vergegenwärtigen wir uns, daß dieselben mit der Giebelfronte nach der Straße zu stehen! – streben meist in zierlichen Formen arabeskenartig in die Höhe. Gewöhnlich sind sie von einer Fahne oder einer Figur, einer Büste oder auch von Thier- und Fruchtgestalten eingenommen, und der größeren Haltbarkeit wegen am First des Daches mit einer eisernen Stange befestigt. Das Dach selbst fällt zu den beiden Nachbarseiten ab und ergießt den Regen in Rinnen, die ihren Abfluß nach der Straße zu haben. Da wo die Beischläge beginnen, läuft die Rinne auf der – meist ziemlich hohen – gemeinschaftlichen Zwischenmauer, welche die Beischläge der Nachbaren trennt, und speit den Inhalt aus einem Drachenkopfe in den Graben.

Das Zusammentreffen der Nachbardächer bleibt nicht frei von mancherlei Kollisionen. Die schadhafte Dachrinne des Einen kann zugleich dem Andern schaden; oft ist die Dachrinne gar gemeinschaftlich und der Streit betrifft die Verpflichtung zur Reparatur. Eine ganz eigenthümliche Erscheinung ist es, wenn im Frühjahre der Schnee zu schmelzen beginnt. Ist er aus den Zwischenräumen der Dächer nicht schon im Winter entfernt worden, so ist nun die höchste Zeit dazu; er sickert sonst schmelzend leicht durch Dach und Fach. Dann wird der Schnee von der sehr bedeutenden Höhe in die Mitte der Straße geworfen, und obwohl ein Wächter unten die Vorübergehenden warnt, so ist einem solchen wassergetränkten Schnee doch nicht immer auszuweichen.

Bilden die Privathäuser Danzigs in ihrer äußern Erscheinung den vollsten Gegensatz gegen unsere modernen, kasernenartigen, leblosen Facaden, so enthält ihre innere Einrichtung des Abweichenden noch viel mehr. Auch sie erinnert uns an England. Während nämlich heutzutage Alles darauf ankommt, Zimmerreihen neben einander zu erlangen, giebt es in Danzig kein N e b e n -, sondern nur ein U e b e reinander. Dieses folgt ganz einfach aus der schmalen und hohen Beschaffenheit der Häuser. Dafür wird aber, wie in England, jedes Haus meist nur von einer Familie bewohnt (wenigstens in den reichern Stadtvierteln), wodurch allein eine trauliche Abgeschlossenheit, ein behagliches „*home*" ermöglicht wird. Wie wohlthuend wirkt gleich der erste Eintritt! In den Berliner kasernenartigen Phalanstères befindet man sich plötzlich, man weiß nicht wie, in einem engen, völlig kahlen Hausflur, aus dem rings verschiedene Thüren zu einzelnen ganzen Wohnungen führen; es überkömmt den suchenden Fremden dort ein Gefühl tödtlichen Verlassenseins. Wie ganz anders wirkt hier die hohe, luftige, oft mit Bildern und Statuen geschmückte Halle, die den durch das weite Portal tretenden Fremden empfängt. Sie vertritt ganz die Stelle des griechischen Atriums, jenes heiter-geselligen Versammlungsortes der Bewohner; die hohe Decke ersetzt den herein blickenden Himmel und große Topfpflanzen den Schatten der südlichen Bäume. Eine breite Treppe, oft kunstvoll geschnitzt, führt zu Gallerien und in die obern Gemächer, von denen das größte und prächtigste, das nach der Straße zu belegene, die ganze Breite des Gebäudes einnimmt, durch die drei hohen Fenster das volle Licht empfängt und ein köstliches „*parlour*" abgiebt. Nach hinten zu befindet sich im Erdgeschosse meist die Küche, der ganze Wirthschafts-Apparat, oft auch nur ein weites hohes Gemach oder das Comptoir. In den höhern Stockwerken liegen die Schlaf-, Kinder- und Fremdenzimmer.

Es darf nicht verschwiegen werden, daß die Nützlichkeitsrücksicht diese schöne Harmonie vielfach gestört hat. Wir finden in die Halle oft einzelne Zimmer, mitunter zwei über einander hineingebaut, wie man in manchen Kirchen das vollständige Modell einer kleineren antrifft. Sehr oft ist ein Theil des Beischlages oder wohl gar dieser ganze Raum bis zur Fensterhöhe der ersten Etage mit einem budenartigen Ausbau überbaut, in denen sich kleinere Kaufläden befinden. In vielen Häusern ist die große Halle der ganzen Höhe nach in zwei ungleiche Theile getheilt, von denen der größere eine Kaufhalle, der kleinere aber den Eingang zu der Treppe der obern Stockwerke bildet. Es darf nicht überraschen, wenn sich die moderne Barbarei auch dieser Architektur bemächtigt. War es ja doch im Werke die Beischläge – sobald sich etwa eine Erneuerung derselben als nothwendig herausstellen würde, – ganz zu beseitigen, damit sie einem Trottoir Platz machten, bis endlich das Gutachten des verstorbenen Schinkel sie rettete.* Es sind immer dieselben Barbaren, die einen der schönsten Theile des Marienburger Schlosses vernichtet haben und diese Danziger Beischläge opfern wollten.

Ich habe mich vielleicht länger als billig bei der Architektur der Privathäuser Danzigs aufgehalten; ich würde es nicht gethan haben, wenn mir nicht diese Architektur mit einem Schlage den Charakter der Danziger erklärt hätte. Sie sollen stolz sein, diese Patrizier, abgeschlossen, ein Geist kaufmännischen Kastenwesens soll in diesen Hallen wohnen, denen das moderne Kulturleben, das encyklopädische Vielwissen ein „Weh euch!“ zuruft. Hier giebt es kein fruchtbares Literaten-, kein Kunstmäcenatenthum, das sich im Spiegel seiner Eitelkeit wohlgefällig betrachtet. Woher diese Abgeschlossenheit, dieses Nichteinstimmen in Phrasen, dieses stolze Sich-in-die-toga-hüllen? – Woher anders entspringt es als aus dem Geiste, welcher auch diese Architektur hervorrief? Man gehe an der reichen Facade des „Englischen Hauses“**, – um von all den öffentlichen Gebäuden, den Schöpfungen großartigen Gemeinsinnes zu schweigen, – vorüber; man durchschreite im Mondscheine die grandiose Speicherinsel; man merke was aus den dunkeln Luken, diesen hohlen Augen blickt; man lese am Thore der Langgasse jenes mahnende: *concordia respublicae parvae crescunt*, oder an Privathäusern in goldenen Lettern geschrieben die Namen der Horatier, Brutusse, des Themistokles, Fabrizius und Camillus; man trete mit „unheiligen“ Sohlen jene Grabsteine in der Marienkirche, die der Stifter „sich und seinen Erben“ meißeln ließ, aus denen die Jahrhunderte reden, und man wundere sich über den stolzen Geist dieser Patrizier, deren Ahnherren aus Hunderten von Bildern mit ihren „rathsherrlichen“ Gesichtern auf ihre Enkel blicken und zu thatkräftiger Gesinnung anfeuern. Als Platen einst in Venedig von einem Markt-Antiquar ein Buch kaufen wollte und den Preis zu hoch fand, erhielt er die stolze Antwort: „Aber, signor, es ist aus der Zeit des St. Markus (d. h. Republik)!“ Wie in Venedig lebt auch hier noch das Bewußtsein der einstigen Größe nicht bloß unter den früheren Herrschern, sondern auch im Volke. Und obwohl Danzig sich unter der Herrschaft des preußischen Königshauses wohl fühlt, so ist es doch nichts weiter als das Gefühl der Sicherheit nach dem Beraubtsein.* Dieser unruhig bewegte Geist städtischer Freiheit, der die italischen Republiken des Mittelalters auszeichnet, dem eben so natürlich das Verderben folgt, als er eine stahlharte Unbeugsamkeit den Gemüthern einflößt; das Unstätige, das halb polnische Element, welches die Empörung nicht um eines höhern Zwekkes, sondern um des Krawalles willen liebt; die fremdartige Vereinigung von Phlegma und Leichtsinn, die in der Vermischung von Deutsch- und Slaventhum ihre Erklärung findet, dieser sonderbare Geist geht durch die ganze Geschichte Danzigs, und es ist interessant, daß wir einen Ausdruck dieser Unbändigkeit noch in der allerneusten Zeit erlebt haben. Man muß nur nicht die Geschichte eines Volkes, einer Stadt ignoriren, wenn man ihren gegenwärtigen Charakter begreifen will. Wie in Italien die Banditen (in der eigentlichsten Bedeutung) sich aus den verbannten politischen Parteien bildeten, wie das ganze Räuberwesen dort wesentlich mit der Bedeutung des politischen Lebens zusammenhängt und mit diesem – in einem freilich umgekehrten – Verhältniß steht, so ist auch die ganze Rohheit, Brutalität, Verwilderung der Danziger niedern Volksklasse nichts als die, eines großartigen Zieles entbehrende, Unbändigkeit, Störrigkeit, Energie der früheren Generationen. Jene gefürchteten „Bowken", die nicht schwer mit einem „Bowiemesser" eine Antwort ertheilen, die zum Theil das Contingent für das Strafhaus liefern, der Schrecken aller Dandy's und Hausfrauen, erinnern frappant an ihre Vorgänger in den Bewegungen der Reformationsjahre, an jenes konfliktreiche Verhältniß des Volkes zum Rathe, zur Geistlichkeit, an jene Scenen, wie sie uns Rosenfelder* in seinem vortrefflichen, die Befreiung des reformatorischen Predigers Pankratius Klein[23] durch das Volk darstellenden Bilde vorgeführt hat. Dieses „durch die Masse imponiren", diese „bewaffneten Demonstrationen" haben die Danziger schon vor Jahrhunderten vortrefflich verstanden, und was das Sonderbarste ist, bis heute – nicht vergessen.** Der auf dem Rathause versammelte, vor den Massen draußen zitternde Rath, das ist ein stets wiederkehrender Refrain in der innern Geschichte Danzigs.[24] Freilich ist dieser Rath aus solchen Konflikten, wenn auch nicht immer als Sieger, so doch ohne wesentliche Schwächung seiner Macht hervorgegangen, weil seine innige Verwachsung mit dem Volksleben, seine Berücksichtigung der Volksinteressen ihm eine ähnliche Stellung wie dem venetianischen Rathe verschaffen mußte. Wollen wir diesen alten Geschlechtern zürnen, daß sie an ihren Erinnerungen hangen, daß sie, mit konservativem Geiste den Neuerungen entgegen, dem ganzen geistigen Strome des literarischen Cliquenwesens sich verschließen? Wir sahn so viel Aristokratisch-Englisches in ihren Wohnungen, wollen wir ihnen verdenken, daß sie auch den Fleiß der Engländer und deren Erwerbsgeist haben? Und wenn wir es anders wünschen, ist die Erkenntniß von der Naturwüchsigkeit, der Nothwendigkeit dieser Zustände nicht genügend, um ihnen wenigstens im weitesten Sinne unsere Achtung nicht zu versagen?

Oeffentliche Bauwerke

Doch höher stets, zu immer höhern Höhen,
Schwang sich das schaffende Genie.
Schiller, *Die Künstler*.

Es giebt gewisse Längenthäler in den Alpen, von denen Kohl* sagt, man müsse wissen, wo und wie hoch man sich befinde, auch wenn man mit verbundenen Augen hingekommen wäre. Ebenso könnte man mit verbundenen Augen in gewisse fremde Städte geführt werden und wüßte doch, in welche Zeit die Blüthe derselben gefallen und wie ihre Verfassung beschaffen gewesen.

Man nehme Königsstädte. Was dieselben charakterisirt sind breite Straßen, Schlösser, Paläste, Kirchen und der Mangel aller Individualität in der Privatarchitektur. In Städten aber, die dereinst der Schauplatz der Volksherrschaft gewesen, da giebt es außer einem ausgebildeten Typus in der Bauart der Privathäuser und außer Kirchen eine gewisse Art von Gebäuden, die man aus Hunderten ähnlicher Bauwerke heraus erkennen kann; Gebäude, die einen stets ausgeprägten Charakter haben, weil sie nicht aus einem wandelbaren ästhetischen Gesetze entstanden, niemals der Mode unterworfen gewesen sind, sondern weil sie der Repräsentant des Volkscharakters selbst sind, der sie erdachte, schuf und schmückte.

In Königspalästen kann bei ihrer Erbauung die willkührlichste Hand walten, denn sie dienen einem individuellen Willen, dem Bedürfnisse eines Herrschers. Sie werden aus diesem Grunde aber bald an Charakterlosigkeit leiden, bald sich in Bizarrerien verlieren. Kirchen bezeichnen die Manifestirung eines religiösen das Jahrhundert beherrschenden Gedankens. Sie können bei aller Mannigfaltigkeit einer gewissen Uebereinstimmung nicht ermangeln. Bauwerke aber, die ein Volk aus innerm schöpferischen Drange schuf, die einem öffentlichen Bedürfnisse genügen und zugleich das Gemeinwesen verherrlichen sollten, wahre Krystallisationen des Volksgeistes, bei denen die Zweckmäßigkeit Schönheit und die Schönheit Ziel und Mittel zugleich ist, – solche Bauwerke giebt es nur in Städten, wo der Gemeingeist waltete und die Gesammtheit herrschte.

Es wäre nicht zutreffend, dabei auf Athen und Rom zurückzugehn, weil im Alterthum der Markt das Rathhaus war. Man vergleiche dagegen Venedig und Florenz mit Turin und Neapel, die belgischen Städte mit Paris, Nürnberg mit München, Danzig mit Berlin, um die schlagendsten Gegensätze neben einander zu haben. Eben so klar ist es, daß sich unter einer eigentlichen Priesterherrschaft – wie in Rom und Köln* – der Kirchenbau am mächtigsten entwickeln mußte.

Wie aber in einer Monarchie der Palast des Herrschers, so bildet in einer Republik das Rathhaus den intellektuellen und meist auch physischen Mittelpunkt des Gemeinwesens. In ihm wird sich daher auch die eigentliche Blüthe des Volksgeistes konzentriren. Denn was wir heutzutage kaum noch dem Namen nach kennen, was im höchsten Sinne im Alterthum und in einem hohen noch im Mittelalter lebendig war, die Unterordnung der Privatinteressen unter die öffentlichen, das selbst räumliche Zurücktreten des Privatbesitzes vor dem öffentlichen (welches das römische Recht bei Bauwerken bis auf die Zahl der Fuße festsetzte, während ein wüster Budenkram noch heute manche Dome umgiebt), das spricht aus all den düstern, charaktervollen Rathhäusern, welche der Zufall vor barbarischer Zerstörung bewahrt hat. Diese zu errichten, zu schmücken, wurden keine Opfer gescheut; denn das Bauwerk verherrlichte die Stadt, deren Bewohner, und oft war es eine Sache des Wettstreites zwischen zweien Städten, wer das herrlichste Gemeindehaus aufzuweisen habe. Prächtige Gemälde schmücken noch heute die Decken und Wände der Rathssäle. Paolo Veronese malte im Dogenpalast die triumphirende Venezia selber; und wenn ich im Danziger Arthushofe* auf dem Gemälde von Möller, das jüngste Gericht darstellend**, das üppig schöne Weib ansah, welches im Mittelpunkte des bunten Durcheinander hingegossen ruht, mit der Krone und der über ihr Haupt gedeckten Krystallglocke, ein Weib, das „Rubenssche Fülle mit Raphaelischer Feinheit“ vereinigt, dann ist es mir nicht eingefallen, den auf der Leinwand befindlichen Etiquetten zu glauben, welche dieses Weib *mundus* (Weltlust) nennen und die andern Figuren mit den lateinischen Namen verschiedener Tugenden und Laster bezeichnen; – ich habe vielmehr diese schöne Gestalt für nichts anderes als eine Personifizirung des großen Danzig selber gehalten, das in Mitten seiner Untergegebenen in voller Glorie und Pracht daliegt, gleich jener Venezia „mit prahlenden Wangen, wie sie der große Paolo gemalt hat.“

Ein unbeschreiblicher Geist von Hoheit liegt in den Facaden des Danziger Rathhauses. Nach meiner Ansicht feiert die Danziger Architektur hier ihren höchsten Triumph. Diese kaum unterbrochenen Wandflächen (namentlich von der Seite der Langgasse), der gänzliche Mangel alles Details, alles bloß Ornamentalen, die nicht große Zahl höchst einfach konstruirter Fenster, dieses Alles – sollte man meinen – müßte den Ausdruck des Monotonen, Starren hervorbringen; und doch ist Alles Leben, Mannigfaltigkeit, Harmonie! Wir wissen kaum zu sagen, worin die großartige Wirkung liegt; wir fühlen nur, wir stehen unter dem Einflusse der Schönheit. Es ist auch hier die wunderbare Harmonie in allen Verhältnissen, das Organische, nach Oben Weisende und doch Begrenzte, was unsere Bewunderung erregt. Und wollt ihr wissen, was es ganz besonders ist? Es ist der kühnschlanke Thurm. – Wer je in Florenz war, der hat seine Blicke von dem Thurme des Gemeindehauses nicht abwenden können, von dem Stahr sagt*, daß er einer an den Hut gesteckten Feder gleiche. Nicht so keck, aber wunderbar harmonisch strebt dieser Thurm in die Höhe. Wie der Halm in die Höhe schießt und Knoten an Knoten ansetzt, um endlich mit einem Male und ohne alle Vorbereitung eine strahlende, luftschwankende Rispe zu treiben, so ragt dieser Thurm über den Massenkörper des Bauwerkes hinauf, unmittelbar an dessen äußere Kante sich anschließend, kühn, eckig, mit glatten Flächen. Plötzlich brechen die Flächen und Kanten ab; aus einem Absatz ohne alle Vermittelung schießt die Rispe in den Aether, von einer Zartheit, Durchbrochenheit, Mannigfaltig- und Wunderlichkeit der Form, daß sich gar nichts Aehnliches damit vergleichen läßt, am wenigsten eine gothische Thurmspitze. Eine solche endigt höchstens in einer Doppellilienspitze oder hat Pflanzengestalten auf ihren Rippen als ornamentale Zugabe. Hier bildet aber das Blumenhafte, Ornamentale, Luftige die Grundlage, den Inhalt des Baues selber. Wenn nun dazu noch vor jeder vollen Stunde ein wunderliches Glockenspiel aus so ferner Höhe eine Musik erklingen läßt, so kann man sich des Gedankens nicht erwehren, daß diese Thurmblume selber klinge und singe.[25]

Dazu rauschen die immerfließenden Wasser des kunstvollen Brunnens,[26] welcher vor dem Rathhause und dem Arthushofe erbaut ist und die Scenerie mit einem neuen Reize schmückt. Denn was Quellen für die Landschaft, das sind fließende Brunnen für die Städte. Es sind die Stimmen der schweigenden achitektonischen Massen; in ihnen lebt die „gefrorene Musik“ wieder auf.

Nächst dem Rathhause pflegt der Arthushof – die Börse der Kaufmannschaft – als bedeutend hervorgehoben zu werden. Ich kann diesem Urtheil nicht beipflichten. Schon die halb triviale, halb zwitterhaft italienisch-gothische Facade hält mit ihrem matten Grau keinen Vergleich mit der düstern Erhabenheit des dicht dabei stehenden und zum Vergleiche auffordernden Rathhauses aus. Das Innere mit seinen schlanken Granitsäulen und einem sehr schön konstruirten Gewölbe ist offenbar dem Konventsremter in der Marienburg nachgebildet, ohne ihn freilich zu erreichen. Die Wände sind mit Gemälden, Schildereien, Figuren, Reliefs förmlich überladen, und doch ist – mit Ausnahme des Möllerschen jüngsten Gerichts und weniger anderer – kein wahres Kunstwerk darunter. Das verwirrte Auge schweift von Gegenstand zu Gegenstand und erschrickt bei so viel Häßlichkeit und Unnatur. Die aus Gemälden hervorragenden Statuen und Hirschgeweihe sind der Ausdruck ästhetischer Verirrung und vollster Geschmacklosigkeit. Wir empfangen den wüsten Eindruck eines historischen Raritätenkabinets ohne Kunstwerth.*

Aber warum sollten wir denn auch überall nach Kunstgegenständen spähen und die Verletzung ästhetischer Gesetze rügen! Vergegenwärtigen wir uns lieber einmal ein lustiges Zusammensein der Großhändler, jener lustigen „Junker", die im fünf- und sechszehnten Jahrhundert diese Halle mit fröhlichem Lärm füllten, auf den Ruf der „Bierglocke" hier zusammen kamen und von dem Bier tranken, das in mächtigen Humpen aus dem unter dieser Halle befindlichen „Rathskeller" hinaufgeschafft wurde. Klingt es nicht wie der dröhnende Tritt des großen Christoph**, wenn wir lesen:

> „In dem 1481 Jore do quamen wier uf König Arthushof, to drinken den irsten Sondag in dem Advent; do wort in

St. Reinholdus Bank czu Voite (Voigt) gekoren Austen Tiergart und Hans Schenk czu seinem Stattholder; czu seinem Schreiber worden erkoren Klaus Drageheim und Baltzer Greibe sein Gesell."

Die Gesellschaft, welche sich hier vereinigte, theilte sich nämlich in sechs Korporationen, die man wegen der ihnen angewiesenen bestimmten Sitze die sechs Bänke zu nennen pflegte, und zwar: Reinholds- (nach einem der vier Haimonskinder), Christophs- (oder Lübeckische), Heilige drei Königs-, Marien- (oder Marienburgsche), Holländische und Schiffer-Bank. Jede hatte einen alljährlich gewählten dirigirenden Ausschuß, zu welchem ein Vogt und Schreiber nebst deren Stellvertretern gehörten.[27] Ueber der Christophsbank sieht man noch die Statue des großen Christoph wie er das Christuskind durch den Strom trägt, und über der Marienbank ein Bild, die Belagerung der Marienburg darstellend.* Bisweilen nahmen auch Frauen an diesen Zusammenkünften, die dann durch Tanz verschönt wurden, Theil. Oftmals traten Hofpfeifer oder Seiltänzer (Tumeler – Kokeler) vor der Versammlung auf, etwa zum „Weihnachts-" oder „Paschenhof". Von einem solchen „Künstler" erzählt Kaspar Weinreich:

> Item im selben Winter vor Fastelobendt spilte ein Tumler zu Dantzke auf dem Konig A r t u s hoffe im follen Harnisch bei Obents Zeiten; vor dem Ratstul sprang er den Mordsprung bey Lichte von einer Tafelen und hatte 2 Degen auf seiner Kelen. Ein Holander, der im zusach, der beschweimte (fiel ihn Ohnmacht).**

Das Hauptfest wurde zur Fastnachtszeit begangen, an welchem vor dem Hofe Stechspiele und Turniere stattfanden, wobei „nach der Tafelrunde" geritten ward.

Es müssen überhaupt lustige Herren gewesen sein, diese

„edlen und ehrenvesthen“ Junker. Nach anstrengender Hirschjagd in den damals sehr dichten, wildreichen Waldungen der Nehrung, – woher auch alle die Hirschgeweihe rühren, die hier als Trophäen aufgestellt wurden, – ging es nicht selten an ein tapferes Trinken. Da muß ihnen gewiß mehr als einmal die volle Glückseligkeit zu Theil geworden sein; sonst würde nicht deren Statue auf der Dachspitze des Arthushofes aufgestellt worden sein, von wo sie noch heute, vielfach begehrt und wohl selten erreicht, herabblickt.

Auch der große prächtige Kachelofen mit seiner Fülle von Köpfen weiß ein Stückchen von dem spaßhaften Sinn dieser alten Herren zu erzählen. Der heutige rothröckige Führer mag ihn dir, lieber Leser, erklären.

Sollte man glauben, selbst in die Kirche hin trugen die „Rathsherren“ ihren Sinn für Geselligkeit. Der Kanzel gegenüber, wo jetzt in der Marienkirche die hell- und vielscheibige heizbare Loge steht, da befand sich innerhalb eines Gitters das Rathsgestühle und dahinter unmittelbar ein Gemach zum Zurückziehen. Es hieß, dort würde in schleunigen Fällen sofort über dem Wohle der Stadt gewacht. Aber traue Einer dem Frieden!

Wie schade, daß dieses biderbe, lebensheitre, aber darum auch so thatkräftige Junkerthum dahin ist! Nur ihre Namen, ihre wunderlichen Wappen und „Marken“ erblicken wir wohl noch auf den Grabsteinen der Marienkirche und schreiten gedankenlos darüber hinweg.

Von viel größerer architektonischer Bedeutung als der Arthushof ist der mit dem „Hohen Thore“ verbundene Stockthurm und das zwischen dem Kohlenmarkte und der Wollwebergasse gelegene Zeughaus.

Der erstere hat mich mit seinen geschwärzten Mauern, seinem eigenthümlichen schwarzen, mit Thürmchen gezierten

Dache lebhaft an die Thürme erinnert, welche an der steinernen Brücke zu Prag stehn. Es liegt in ihm etwas so vollständig Trotziges, eine Zuversicht, wie sie die alten Helden bewiesen, wenn sie von der Mauer herab das feindliche Heer zur Stellung eines Einzelkämpfers aufforderten. Die Sachverständigen stehen solchen Erscheinungen wie diesem Thurme rathlos gegenüber. Das paßt weder in den Kram von gothischem noch von byzantinischem Baustyl*; das ist nicht florentinisch und gehört auch nicht der Renaissance an; was ist es denn für ein Styl? Es ist eben die Verkörperung des Geistes einer Periode, der, durchaus schöpferisch und an keine Reproduktion denkend, sich seinen eigenthümlichen Baustyl selber schuf. Eine Zeit, die eines solchen schöpferischen Dranges entbehrt, weil ihr Charakter die Charakterlosigkeit ist, kann immer und ewig nur nachahmen, reproduziren, eine Musterkarte von Baustylen hinstellen, – wie sie uns München darbietet**, – sich in Geistlosigkeiten herumtummeln, aber einen Styl hat sie nicht.

Dieser Stockthurm aber, wie trotzig, kühn und charaktervoll ragt er nicht in die Höhe! Nur eine niedrige Spitzbogenpforte gestattet den Durchgang; denn die Gefährlichkeit jener Zeiten forderte Mauern und Schutzwehren und ließ nur die nothwendigste Durchbrechung derselben zu. Fast mangelt es in den ersten Stockwerken an allen Fensteröffnungen, gerade wie in vielen Raubburgen die runden Wartethürme den Eingang nur in einer vom Boden weit entfernten, auf einer Leiter zu erreichenden Höhe haben. Erst weiter nach Oben giebt es Fenster neben einander, über denen der eigenthümliche nach Innen gedrückte Bogen (der umgekehrt gothische) nun gar interessant ist. Wie die Fensterscheiben bald nach Außen, bald nach Innen gebogen werden, so in Danzig die Mauerbogen der Fenster. Dadurch erhält dieser Thurm etwas halb Chinesisch-Japanisches, welches nun vollends den ganzen Schematismus der Bauverständigen über den Haufen wirft. Es liegt eben etwas Ureignes in diesem wundervollen Bau, und wenn ich ihn mit einem Worte charakterisiren soll, so möchte ich ihn „hussitisch" nennen.* Und wunderbarer Weise klingt dieser Name uns aus der Geschichte Danzigs wirklich entgegen. Denn im Jahre 1431 belagerte ein im Solde Jagiello's von Polen stehender 5000 Mann starker Heerhaufe der Hussiten zusammen mit einem polnischen Heere die Stadt Danzig, welche damals noch unter der Herrschaft des deutschen Ordens stand, und plünderte, da die Belagerung nach einigen Tagen aufgehoben werden mußte, Pommerellen.[28]

Die äußerst kunstvolle Facade des Zeughauses, der Joppengasse[29] gegenüber, bildet einen eigenthümlichen Gegensatz gegen die schmucklosen Wandflächen des Rathhauses. Trotz aller Erhabenheit kann sich dieser Styl nicht mehr zu der Größe der vorhergehenden Jahrhunderte, in welchem das Rathhaus, der Stockthurm und die Marienkirche entstanden, erheben. Das Zeughaus wurde in den ersten Jahren des 17ten Jahrhunderts erbaut, da schon längst Aller Augen nach dem neu erwachten Kunstleben in Italien gerichtet waren. Einer der Leiter dieses Baues, der Rathsherr Speymann von der Speye, ließ wenige Jahre später sein noch jetzt auf dem Langen Markte befindliches Haus mit einer in Italien gearbeiteten kunstvollen Facade schmücken. Das Langgassische Thor – 1612 erbaut[30] – ist schon vollständig italienisch und der Arthushof schwebt genau in der Mitte zwischen italienischem und gothischem Baustyl. Das Schmücken der Facaden mit Statuen, die Anbringung des ganzen ornamentalen Apparates, der nicht mehr einem nothwendigen Kunstgebot folgt, sondern der Laune den freiesten Spielraum gestattet; das Hereinbrechen des sich im Unpraktischen und Geschmacklosen verlierenden Experimentirens bezeichnet den Beginn dieser Epoche auch hier. Und dennoch ist die mit steinernen und reich vergoldeten Verzierungen geschmückte Facade noch immer von einer bewundernswerthen Harmonie; noch ist die Ornamentik nicht zu einem bloßen Flitter herabgesunken; noch fühlen wir den organischen Zusammenhang. Die ursprüngliche Größe der vorhergegangenen Periode spricht mit beredten Worten auch aus diesen bewundernswerthen Fronten mit ihren Giebelspitzen und achteckigen Seitenthürmen. Wir stehen ihnen gegenüber wie den Ruinen des römischen Forums, während unsere Gedanken still vergleichend zum athenischen Parthenon schweifen.

Haben wir unser Auge genugsam an der Harmonie dieser Bauwerke geweidet, auch einen Blick auf die bedeutende Architektur der dem Stockthurme gegenüber liegenden „Hauptwache" geworfen, welche einst der aus Patriziern und reichen Kaufleuten bestehenden St. Georgs-Brüderschaft als Casino diente*, dann treten wir gern durch das „Hohe Thor" auf die Brücke, welche den Festungsgraben überspannt, und überschauen staunend ein sich lang vor uns hindehnendes Panorama von entzückender Schönheit. Es sind die Danzig beherrschenden, befestigten Höhen des Bischofs- und Hagelsberges, an deren Fuße sich ein buschverstecktes Häusergewimmel hinzieht; es ist der Blick über die in der Ferne sich verlierenden Höhen der Vorstadt Ohra, der gellende Pfiff der „länderverbindenden" Lokomotive, was unsere Sinne erfreut, unsern Geist erhebt. Nur wie der Schatten jener Wolke überkommt uns die flüchtige Erinnerung an das unheilvolle Kriegsgewitter, welches sich schon oft auf diesen grünen Höhen entladen und Tod und Verderben in diesen stillen Frieden gesendet hat.

Kirchliche Architektur

> Schmallpfeiler lieb' ich, strebend, grenzenlos;
> Spitzbögiger Zenith erhebt den Geist.
>
> Göthe, *Faust*.

Ich weiß, was es heißt „Kirchen besehen“; ich kenne den Schauer, der den Reisenden überkommt, wenn er, in einer Stadt angelangt, seinen Bädeker oder Förster aufschlägt und auf die Rubrik „Kirchen“ trifft. Ich werde daher kurz sein.

Es giebt wenige Städte, in welchen die kirchliche Architektur – im Ganzen betrachtet – eine so auffallende Uebereinstimmung fände als in Danzig. Es findet sich hier – architektonisch – kein Gegensatz zwischen katholischen und protestantischen Kirchen, zwischen alterthümlichen und modernen. Dem germanischen Baustyl steht kein romanischer gegenüber, dem Rokokostyl kein Jesuitenstyl zur Seite; hier herrscht ausschließlich und uneingeschränkt der sogenannte gothische Baustyl.

Der Grund hierfür ist wohl einmal in der Abgeschlossenheit Danzigs, der großen Zahl seiner Kirchen, die keine Vermehrung in neuerer Zeit forderte, seinem plötzlichen, fast allgemeinen Uebergange zur Reformation und darin zu finden, daß den Jesuiten, welche nach Beendigung derselben durch die Vorführung glänzender Bauwerke sonst zu blenden suchten, der Aufenthalt in Danzig beharrlich verweigert wurde, obwohl sie sich wiederholentlich als „Beichtväter“ der Nonnen im Kloster der heiligen Brigitta festzusetzen suchten.

Wir wollen deshalb auch nur die Marienkirche, die Hauptkirche Danzigs und dessen Stolz betrachten. Uns wird überdies die Fülle von Erinnerungen, Denkmälern, Reliquien in Erstaunen setzen und einen weiten Blick in die frühern Zustände Danzigs verschaffen.

Die Danziger lieben es, mit einigem Stolze zu erzählen, daß die Marienkirche an Größe die fünfte in der Christenheit sei. Obwohl die Wahrheit dieser Behauptung sehr problematisch scheint[31], erkennen wir gerne an, daß der erste Eindruck, den wir durch ihr Aeußeres und Inneres erfahren, ein durchaus imposanter ist. Schon von Ferne gesehn überragt sie die Häuser- und Thurmmassen mit erdrückender Gewalt. Selbst der schlanke und kühne Rathhausthurm* schrumpft kümmerlich zusammen, wenn wir den Marienthurm besteigen, und unter ihren Genossen steht sie mindestens da wie der Sirius unter den andern Sternen des Januar-Nachthimmels. Schon die vollkommen glatten, nur von Fenstern unterbrochenen Außenwandflächen, die jede Ornamentik und selbst die sonst doch überall aufretenden Strebepfeiler entbehren, das rothbraune Kolorit des Ziegelmauerwerks, „jene unbestimmte Farbe der Vergangenheit, welche an alten Gebäuden nur Jahrhunderte zu bereiten im Stande sind“[32], bringen eine großartige Massenwirkung hervor, die mich an die Frauenkirche in München erinnerte. Dieser Mangel alles rein Zusätzlichen bildet den schlagendsten Gegensatz zu andern gothischen Kirchen, namentlich dem Kölner Dome, bei welchem die äußern Wandflächen vollkommen versteckt, überladen, erdrückt werden durch das komplizirte System der Strebepfeiler und Bogen, deren Existenz dort nicht einmal absolut nothwendig erscheint, da die Seitenschiffe dem Hauptschiffe an Höhe nicht gleichkommen und dasselbe daher gleichsam stützen. Bei der Danziger Marienkirche überspannt dagegen das Gewölbesystem das Haupt- und die Seitenschiffe in vollkommen gleicher Höhe, wodurch die Außenwandflächen eine so bedeutende Ausdehnung erlangen, zugleich aber sich die Nothwendigkeit von Strebepfeilern um so dringlicher darstellt. Dieselben sind denn auch in der That vorhanden, nur freilich nicht – wie gewöhnlich – an der Außenseite der Ringmauer, sondern an deren innerer Seite. Indem diese innern Strebepfeiler aber bis zur vollen Höhe des Gewölbes fortgeführt, das letztere selbst tragen, auch die Form der Pfeiler annehmen, wird zwischen ihnen eine die ganze Kirche umgebende Reihe von Kapellen gebildet, welche in ihrer Totalerscheinung einem zweiten Seitenschiffe gleichen und beim ersten Blick durchaus so erscheinen. Es ist daher auch wohl hie und da zu lesen, daß die Marienkirche f ü n fschiffig sei.[33]

Die Monotonie der äußern Wandflächen wird wesentlich durch eine an die Zinnen des Marienburger Schlosses erinnernde Krenelirung gehoben. Professor Schultz in Danzig*, dem wir die herrlichen Abbildungen der Marienburg und Danzigs verdanken, ist der Ansicht, daß auch der – nicht vollendete – Thurm der Marienkirche, dieser Konstruktion analog, habe Zinnen erhalten sollen und nie auf eine Spitze berechnet gewesen sei. Wiewohl ich zweifle, ob dieses wirklich jemals im Plane der Erbauer gelegen, und glaube, daß hier wie bei den meisten gothischen Thürmen Zeit und Mittel den Ausbau gehindert haben, so bin ich doch der Ansicht, daß eine Spitze für diesen Thurm eine ästhetische Unmöglichkeit, eine vollkommne Verkennung seiner organischen Verjüngung und der Natur des Ziegelbaues enthält; und es wäre denkbar, daß die Vollendung des Thurmes gerade wegen dieses empfundenen Widerspruches zwischen Plan und Ausführung unterblieben ist.

Im Innern der Marienkirche steigen die schlanken achteckigen Pfeiler überraschend kühn in die Höhe; das Gewölbe aber, welches sie tragen, entspricht ihnen nicht. War mein Auge zu sehr von den Bogen des Kölnischen oder Mailänder Domes verwöhnt, oder stand vor meinen Blicken das Alles in den Schatten stellende, Springquellartige des Deckengewölbes im Marienburger Konventsremter, – auf mich machten diese kurz und schwer aufsteigenden Gewölbebogen den Eindruck des Gedrückt-Schwerfälligen, des gehemmten Aufschwunges, des Erlahmens der Begeisterung, des nicht erhörten Gebetes. Der Architrav, der die Säulen eines griechischen Tempels belastet, weist zur Erde; die byzantinische Rundbogenlinie kehrt nach befriedigter Erhebung ruhig in sich zurück; der gothisch-parabolische Spitzbogen aber verliert sich in ungemessenen Weiten. Sein Wesen, die innerste Bedingung seines Seins ist also das Nichtzurückkehren. Deutet aber der Spitzbogen durch das leiseste Gebrochensein, durch den Mangel freiester Entfaltung einen von Oben ausgesprochenen Druck, eine Hemmung unbedingtesten Aufschwunges an, so hebt er die Grundbedingung seines eigenen Wesens auf. Es ist nicht mehr die stolz sich im Winde wiegende, es ist die geknickte Aehre.

Der Totaleindruck des Innern wird ganz besonders auch durch die Fülle unorganischen Details geschwächt, welches diese weiten Räume erfüllt. Alle die Gestühle, Kapellen, Bilder, Schnitzwerke, Fahnen, Uhren, Kruzifixe, Gitter, Taufbecken, Kronleuchter, von denen einzelne Gegenstände ein hohes Interesse in Anspruch nehmen; der ganze Sitzapparat, den der protestantische Gottesdienst mit sich bringt, – verwirren und heben die einfache Majestät dieser Hallen auf. Denn da die Pfeiler, die Gewölbe einer organischen Ornamentik durchaus ermangeln, kann jede willkührliche Zugabe den Eindruck der weiten erhabenen Räume nur stören. Mit der bleichen monotonen Färbung bildet das ganze Bunt- und Flitterwerk, welches nur bis zu einer gewissen erreichbaren Höhe geht, den unausgeglichensten Gegensatz. Ist doch die Grundbedingung der protestantischen Kirchen nothwendig das Fehlen alles Details. Wie dieser Gottesdienst sich der

Vermittelung durch Heilige, der Symbole entäußert hat, so darf er auch nur an der Wirkung rein architektonischer Verhältnisse sein Genüge finden. Jede Abweichung hievon ist eine Annäherung zur verlassenen Kunstsinnlichkeit des Katholizismus.

Dieses auch in der Marienkirche wie in so vielen andern existirende Detail kann aber nur den T o t a l-Eindruck modifiziren; an und für sich werden wir den Jahrhunderten Dank wissen, welche uns einen so reichen Schatz dargeboten und aufbewahrt haben. Was in dem grauenvollen Durcheinander der Kriegsstürme uns unrettbar verloren gegangen sein würde, das ist zu unserer Bewunderung erhalten worden, weil eine protestantische Kirche es in ihren Schutz nahm.*

In Betreff der aus der Masse hier aufgehäufter Kunstschätze und Curiositäten hervorzuhebenden Einzelnheiten kann auf die vortreffliche Topographie Danzigs von Löschin verwiesen werden.[34] Ist es ja doch von Jeher so gewesen, daß wir über dem Detail uns verlieren und die Gesetze übersehen, welche auch diesem ganzen Mikrokosmos zu Grunde liegen. Dem großen Publikum werden die Düringer'sche Uhr, die vertrocknete Hand, das in Stein verwandelte Brod, – diese „Handwerksburschen-Wahrzeichen"**, – ein größeres Interesse abgewinnen als das Jüngste Gericht***, das Kruzifix und der Hochaltar mit seinen wundervollen Holzschnitzereien.**** Und wie Wenige werden über den stummen Grabstein von Martin Opitz, der hier im Jahre 1639 an der Pest starb, schreiten und es wissen. Geht es mir in diesem Augenblicke doch kaum anders. Denn erst da ich diese Worte schreibe, fällt mir ein, daß heute gerade sein Todestag ist.[35]

Für ein paar Silbergroschen erkauft man sich in der „Heiligengeistgasse" die Erlaubniß zur Besteigung des Thurmes der Marienkirche – schlechtweg „Pfarrthurm" genannt. Man schiebt uns durch die Pforte an der nördlichen Seite des Thurmes in einen finstern Raum, verschließt die Thüre und überläßt unserm Instinkte den Weg zu finden, denn zu sehen ist er nicht. Wir erklettern eine enge Wendeltreppe, welche in der Grundmauer des Thurmes in die Höhe führt, halten uns, wie es bei Schiffskajüten zu sein pflegt, an einem Tau fest, und gelangen allmählig auf hölzernen Treppen von Stockwerk zu Stockwerk. Kein Führer überwacht uns, keine Inschrift weist uns zurecht, keine warnt uns[36], man könnte sich sogar ohne polizeiliche Erlaubniß aus den Luken auf das Straßenpflaster stürzen. Wir wundern uns über ein großes Tretrad, bis wir einsehn, daß dasselbe die Glocken in Bewegung setzt. Mächtige Balkenlagen und Ständer bilden demnächst den Glokkenstuhl, in welchem die ganz respektabeln Größen hängen, die „Gratia Dei" mit einem Gewicht von 121½ Centner, 1453 gegossen; die Glocke Osanna, Dominikalis, Ferialis, Sibylla und Landglocke (oder lange Glocke). Die „Osanna" wird bei Feuersbrünsten angeschlagen. Die Zahl ihrer Schläge deutet den Stadttheil an, in welchem das Feuer ausgebrochen ist; nämlich: zwei in den innern Vorstädten, drei auf Langgarten und Niederstadt, vier auf der Vor-, fünf auf der Alt- und sechs auf der Rechtstadt.

Endlich stehen wir an einer verriegelten Thüre; der Thurmwächter öffnet und wir treten hinaus.

Wo Berge eine Stadt beherrschen, ist es, um einen Ueberblick zu gewinnen, am natürlichsten sie zu besteigen. In Danzig bilden daher auch der Bischofs- und Hagelsberg die geeignetsten Punkte zur Aufnahme eines Panorama's. Die Schwierigkeit des Zutritts wegen ihrer Eigenschaft als Theile der Befestigungen macht es aber wünschenswerther von der Höhe des Marienthurmes sich die ersehnte Uebersicht zu verschaffen. Man befindet sich auf demselben ungefähr in der Höhe der genannten Berge und hat überdies den Vortheil, diese letztern im Panorama selbst vor sich zu sehen. Nichts erleichert aber die Erkenntniß der Bodenbeschaffenheit einer Gegend, der Lage einer Stadt mehr als dergleichen Besteigungen. Sie verschaffen, was alle Karten und selbst ein längerer Aufenthalt in der Gegend hervorzubringen nicht vermögen, einen Total-Eindruck und zugleich eine nicht mehr einzubüßende Orientirung.

Jeder Fremde, der eine gute Lunge hat, der suche deshalb in einer fremden Stadt zuvörderst den höchsten Thurm zu besteigen.

Die Aussicht von dem Pfarrthurme in Danzig gehört zu den entzückendsten. Haben wir die Lage der Stadt am Fuße des Bischofs- und Hagelsberges, östlich von der Weichsel begrenzt und von der Mottlau durchflossen, zu erkennen uns bemüht, dann schweift unser Blick über die nicht zu ermessenden Flächen des Danziger und großen Werders, bis zu den Thürmen von Dirschau und Marienburg, ja bis dahin, wo wie ein blaues Nebelland die Elbinger Höhen dämmern. Die ganze Ebene ein Garten für die Kultur, von Gräben, Kanälen durchzogen, bietet mit ihren Dörfern und Höfen ein Bild trunkener Fruchtbarkeit dar. Im Westen aber zieht sich vom Hagelsberge ab das Amphitheater jener lieblichen Hügelhöhen hin, an deren Fuße Langfuhr, Pelonken, Oliva und Zoppot liegen, bis dahin, wo das Ufer in seiner „Adlershorst" genannten höchsten Erhebung steil in das Meer abfällt.

„Und nun laßt hervor uns treten,
Schaun das grenzenlose Meer!"*

Wer aus dem Binnenlande kommt und es hier zum ersten Male erschaut, hingelagert am Strande „wie ein Ungeheuer", der wird nicht wissen, was er mit diesem unerhörten Anblick machen soll; ihm wird zu Muthe werden wie uns, wenn wir zum ersten Male die Alpen – ein andres Ungeheuer – erblikken und uns an die wie unter einem Drucke leidende Stirn fassen. Denn ob Alpen oder Meer, beide sind uns ein Symbol des Unfaßbaren, der Unendlichkeit, deren sich unsrer beim Schauen eine Ahnung bemächtigt.

Hat unsere Seele den erhabenen Eindruck zu bewältigen gesucht, dann steigen wir wieder in die dunkle Thurmtiefe hinab. Und wie wir früher uns aus der architektonischen Enge zu dem freundlichen Panorama vor dem Hohen Thore flüchteten und sich unser Geist bei diesem Anblick erweiterte, so steigen wir von dieser Höhe mit ihrem Blick auf die Meeresunendlichkeit in die kleine Stube des Thurmwärters, eines „lustigen Schusters", – nicht größer als eine kleine Kajüte, – und geben uns dem Zauber der Enge hin. Auch Humboldt, wenn er in seinem Kosmos* genugsam von Sternenweiten, Milchstraßen und Nebelflecken gehandelt hat, führt uns gerne zu den Infusorien des Biliner Schiefers, von deren Kalkpanzern Billionen auf einen Kubikzoll gehn. Denn dieser sonderbare Kontrast liegt nun einmal im Menschengeiste neben einander, das Schauen der Unendlichkeit und der Beschränkung, der Blick in ein Teleskop und in ein Mikroskop, Weite und Enge, Fern- und Heimweh.

Erst diese beiden Empfindungen gemischt geben mit dem Grundton den harmonischen Dreiklang. Wo die in die Weite hinausstrebende Quinte fehlt, hören wir nur das weichliche Gewimmer philiströsen oder beschränkten Daseins, und wo die Terze nicht mildernd mitklingt, schauern wir vor der herzlosen Herbigkeit grenzenlosen Strebens.

Das Danziger Bild

– – habent sua fata – tabellae –
(auch Bilder haben ihre Geschichte.)
Horaz, ars poetica.

Danzig ist nicht reich an bedeutenden Bildern. Dafür besitzt es aber in seinem „Jüngsten Gerichte“ ein Werk ersten Ranges, gleich ausgezeichnet durch seine Schönheit, seine Schicksale und durch – den Streit über den Meister, der es gemalt hat.* Das Danziger Bild ist der Stolz, die Freude, das Palladium dieser schönen und reichen Stadt. Sie führen den Fremden vor ihre herrliche „Tafel“ und weiden sich an seinem Entzücken. Ihre erste Frage ist: „Hast Du schon das Jüngste Gericht gesehn?“ Aber auch in die Fremde ist der Ruf dieses Werkes gedrungen. Wie in Rom den Pabst, so muß der heimkehrende Reisende dieses Bild geschaut haben.

Das Danziger Jüngste Gericht, gegenwärtig auf einem Altar der Dorotheen-Kapelle in der Marienkirche aufgestellt, besteht, wie viele der ältern Altarbilder, aus einem Mittelbilde und zweien Seitenflügeln, welche über das erstere gelegt werden können. Denn das Hohe darf nicht immer profanen Blicken ausgesetzt sein. Nur an besonders heiligen Festtagen mag früher die Herrlichkeit dieser Tafeln entfaltet worden sein, zur staunenden Bewunderung des herbeiströmenden Volkes. Es mußte sich daher nothwendig etwas Geheimnißvolles an dieses Bild hängen, das in seiner Vollendung Alles übertraf, was bis dahin gesehn worden, welches die reichste Fülle wechselnder Empfindungen darstellte und Himmel und Hölle öffnete, um ihre Mysterien dem scheuen Blicke zu enthüllen. Auffallend wäre es gewesen, wenn der Wunderglaube, die Abenteuerlichkeit sich nicht dieses Gegenstandes bemächtigt hätte. Durch eine Verkettung sonderbarer Umstände aus der Fremde nach Danzig gekommen, mußte dieses Bild die Phantasie zu Erfindungen anregen, die wahren Ereignisse zurücktreten, die Geschichte seiner Erwerbung vergessen lassen.

Da hieß es denn bald, das Bild sei für den Pabst bestimmt gewesen, mit dem Schiffe, auf dem es nach Rom habe gebracht werden sollen, von einem Seeräuber erbeutet und diesem, der es für den Sultan bestimmt gehabt, wieder von einem Danziger Schiffer abgenommen; bald, daß es, dem Palladium gleich, vom Himmel gefallen, von einem Schiffer auf dem Meere schwimmend gefunden und aufgefischt worden sei. Dieser Sage liegen wahre, wenngleich entstellte Thatsachen zu Grunde. Es ist das Verdienst des geistvollen Historikers Hirsch, durch eine Reihe scharfsinniger Kombinationen die Geschichte des Danziger Bildes von ihrer volksthümlichen Sagenhülle entkleidet zu haben. Schon in seiner Geschichte der Marienkirche hatte dieser Forscher auf eine Stelle in der Chronik des Schöppen Melmann hingewiesen, welcher berichtet:

> „1473 do nam Pauel Beneke ein Schipper von einem Holländer eine Galleyde, darin die Tafel die auf St. Georgens-Altar steht in der Pfarrkirche mit großem Gute befunden ward.“*

Spätere Entdeckungen, deren Resultate derselbe Verfasser in einer Beilage zu der Danziger Chronik Kaspar Weinreichs (herausgegeben von Hirsch und Voßberg Berlin 1855) zusammenstellt**, gewähren einen noch tieferern Einblick in die Verhältnisse, unter welchen dieses Bild erbeutet worden und nach Danzig gekommen.

Als nämlich während des hanseatisch-englischen Krieges

(1469 bis 1473) Danzig mit den übrigen Städten des Hansebundes zur See die Engländer bekämpfte, wurden nach damaliger Sitte auch Kaper – „Auslieger" – ausgerüstet.[37] Einer davon, der „Peter von Danzig", ein ursprünglich französisches Kauffahrteischiff von bedeutender Größe, eine sogenannte Karavelle (Krawel, Krauel), von dem Weinrich erzählt:

> Item *anno* (14)62 nach Pfingsten kwam das große Kraffel (von Lebarn) zu Dantzk in die Reide (Rhede) mit Saltz geladen. Da schlug im die Tonner die Mast entzwey; –*

und welches später wegen der zu seiner Ausbesserung aufgenommenen und nicht zurückgezahlten Gelder in Danzig zurückgeblieben war, ging mit einer starken Bemannung von Söldnern (Ruters) unter der Führung von Bernt Pawest in die See. Später übernahm Paul Beneke das Kommando, und dieser kühne Seemann ist es, welchem Danzig die Erwerbung des Jüngsten Gerichtes verdankt.

Während derselbe nämlich vor Seeland kreuzte, liefen zwei Schiffe, von denen das größere, die Galeyde (Galeere) St. Thomas, mit reichen Gütern für florentinische Kaufleute beladen, unter der Flagge des Herzogs von Burgund segelte, aus dem Hafen von Sluys. Beneke verfolgte dieselben bis in die englischen Gewässer und nahm die Galeyde nach hartnäckigem Kampfe. Dieses geschah am Dienstage nach Ostern 1473. Eine reiche Beute im Werthe von etwa 480,000 Thalern fiel den Siegern zu und wurde in Stade, wo man dieselbe barg, theils unter die Mannschaft, theils unter die drei Danziger Rheder, welche schon früher den „Peter" gekauft hatten, vertheilt. Zu dieser Beute gehörte auch das Jüngste Gericht. Denn wir lesen in einer Bemerkung Stenzel Bornstets zu Weinreichs Chronik:

> Auff dieser Galeide ist die Taffel gewesen, welche auf St.

Georgens Junkern Altar gesetzet ist, ein schön aldes kunstreiches Molwerk vom jungsten Tage.*

Wir können zwar noch weiter bis ins Einzelne den Streit verfolgen, der sich später zwischen den Hansestädten, dem Herzoge von Burgund und dem Geschäftsträger der florentinischen Kaufleute Thomas Portinari wegen einer Entschädigung entspann, wir hören selbst verwundert, daß der Pabst sich durch einen Legaten für die Beraubten verwandte, ja daß sogar vielleicht die Brüder Giuliano und Lorenzo dei Medici diejenigen sind, für welche das Bild ursprünglich bestimmt gewesen, aber wir forschen vergebens nach den weitern Schicksalen des letztern bis zu seiner Ankunft in Danzig. Auf St. Georgs Altar wurde dieses Bild aber wahrscheinlich deshalb aufgestellt, weil die drei Eigenthümer des Peter von Danzig der St. Georgs-Brüderschaft angehörten.

Hier befand sich das Gemälde bis zum Jahre 1807.

Im Jahre 1718 war es von einem Danziger Maler Christoph Kray sehr mangelhaft restaurirt worden, ein Schicksal, das leider manchen bedeutenden Bildern, z. B. den Raphaelischen Fresken in der Farnesina zu Theil geworden, ohne daß diese Restaurationen durch spätere, wie bei dem Danziger Bilde, wieder gut gemacht worden wären. Denn durch die von Professor Bock 1815 und in neuester Zeit (1851) von Xeller vorgenommene Restauration ist die ursprüngliche Schönheit glücklich wiederhergestellt worden.[38]

Als die Franzosen 1807 Danzig eroberten, gehörte es zu ihren ersten Geschäften, das Bild nach Paris zu bringen. Dort erhielt es seinen Platz im Kaiserlichen Museum und kam dann nach Beendigung der Freiheitskriege 1815 wieder nach Deutschland zurück. In Berlin scheiterten alle Bemühungen, das Bild für das damals beabsichtigte National-

Museum zu gewinnen, an dem großartigen Gemeinsinn der Danziger.[39] So erhielt die Stadt ihr Bild zurück.[40]

Dieses ist die Geschichte dieses wundervollen Bildes. Die Angabe späterer Chronisten, daß dasselbe ursprünglich für Italien bestimmt gewesen sei, gewinnt an Glaubwürdigkeit durch die Wappen, welche den beiden auf der Rückseite befindlichen Donatoren beigefügt worden und einer florentinischen Familie angehören sollen.[41]

Für die Maler hielt man früher allgemein die Gebrüder van Eyk; und es ist nicht zu leugnen, daß dieses Bild mit den von ihnen gemalten Genter Tafeln im Berliner Museum eine frappante Aehnlichkeit hat[42], nur daß es dieselben an innerer Bedeutung weit hinter sich läßt.

Andere halten Hugo van der Goes, Albert Ouwater, Bernhard von Orlay, Michael Coxis, Johann Mastaert und namentlich Hans Memling[43] für den Maler. Keinem der Entdecker des Meisters fehlt es an scharfsinnigen Beweisen für seine Behauptung. Ueberlassen wir Laien denselben den unfruchtbaren Streit und wenden wir uns zur Betrachtung dieses Jüngsten Gerichtes.

Christus, mit einem rothen Mantel bekleidet, sitzt in ernster Richterstrenge auf einem glänzenden Regenbogen, seine Füße ruhen auf einer goldenen Kugel, in der sich die nächsten Gegenstände spiegeln. Es ist diejenige Stellung, in welcher die Kirche Christus „triumphirend" nennt. Ueber ihm schweben vier Engel mit den Marterwerkzeugen, unter ihm drei andere die Posaunen blasend. Zu beiden Seiten von Christi Haupt sehen wir die Symbole der Gnade und Gerechtigkeit, den Lilienstengel und das Schwert; weiter sitzen die zwölf Apostel, neben ihnen knieen rechts Johannes der Täufer und links Maria als Fürbitter.

Auf den Ruf der Posaunen haben sich die Gräber geöffnet, die Todten steigen herauf und harren des Gerichtes. Der Erzengel Michael steht in ihrer Mitte, erhaben, in einem strahlenden Panzer und Purpurmantel gekleidet. Seine Hand hält eine Waage und einen Kreuzesstab.[44] In dem Mittelbilde ist nun der Moment fixirt, wie zwei Auferstandene auf der Waage gewogen und der eine von ihnen zu leicht befunden wird. Diese beiden Figuren bilden einen ergreifenden Kontrast, der sich auch in den übrigen bereits abgeurtelten Seligen oder Verdammten, des Gerichtes mit Hoffnung oder Furcht Harrenden ausspricht. Der in der linken Schale (vom Zuschauer aus gerechnet) befindliche Selige knieet dankend und betend, während der Verdammte wie eine leblose Masse über die Schale geworfen daliegt, ohne Regung, ohne Zucken, wie zerschmettert von dem furchtbaren Gericht. Dicht hinter Michael streiten ein Engel und ein Teufel um den Besitz einer Seele. Die Seligen steigen, schweben links zu den sich ihnen öffnenden lichten Höhen. Ein Verdammter, der in den Himmel zu schleichen versucht, wird von einem Dämon mit einem Haken gefaßt und zurückgezogen.

Die Darstellungen auf den Flügelbildern hängen mit dem Mittelbilde unmittelbar zusammen und bilden dessen Fortsetzung. Die Trennung in drei Bilder ist daher nur ganz äußerlich. Sie gehören zu einander, wie die einzelnen Theile einer auf Leinwand geklebten zum Zusammenlegen eingerichteten Landkarte.

Auf dem linken Flügel ist nun ein auf Wolken ruhender Tempel in gothischem Baustyle dargestellt; demantene Stufen führen herab bis zu grünen blumigen Matten, auf welchen die Seligen nahen, die Stufen hinansteigen und auf der zweiten (von unten gerechnet) von Petrus liebevoll empfangen werden. Ausgezeichnet ist hier ein vom Rücken gesehener Jüngling, der erstaunt zusieht, wie Petrus einen ältlichen Mann, gleich einem alten Bekannten, bei der Hand faßt, und das Bildniß dieses Alten selber. Die Seligen steigen empor und verlieren sich im Tempel. Auf der letzten Stufe empfangen die bis dahin nackten Gestalten Gewänder. Bildwerke von halb erhabener Arbeit schmücken die Facade und den Plafond der hochgewölbten Eintrittshalle. Ueber derselben in einem Giebelfelde ist auf gleiche Weise die Schöpfung der Eva dargestellt; im Innern des Plafonds Cherubim und Seraphim; unter dem Bogen desselben, inwendig auf einem Pfeiler, Christus als König auf einem Throne sitzend, zu seinen Füßen das Lamm, rings um ihn die Embleme der vier Evangelisten. Auf zwei großen thurmähnlichen Pfeilern, zu beiden Seiten der Halle, sind zehn Statuen theils sitzender, theils knieender Könige und heiligen Ordensstifter angebracht, über ihnen erheben sich zierlich geschnitzte Baldachine, genau wie man es an den herrlichsten alten Kirchen sieht. Alles dieses scheint mit solcher täuschenden Wahrheit in Stein gehauen und ist von so vollendeter Ausführung, daß man sogar das Geäder des Holzwerkes an der offen stehenden Thüre, die Beschläge derselben, ja sogar die einzelnen Nägel erblickt.[45] Hinter der dieses Prachtgebäude krönenden Balustrade stehn singende, musizirende, jubilirende, Blumen streuende Engel in reichen Meßgewändern; etwas tiefer auf zweien die Pfeiler umgebenden Balkonen auf jedem drei kleine wunderliebliche und schön beschwingte Engel, ebenfalls in Meßgewändern, welche von Gold und Juwelen strahlen; drei von ihnen singen aus einem Buche, drei andere spielen die Harfe, die Zither und die Geige.[46]

Anderes erblicken wir auf der rechten Seite des Hauptbildes. „Die unaussprechlichste Angst, Schmerz, an Wahnsinn grenzende Verzweiflung spricht zur Linken Michaels aus den unseligen, auf das Mannichfaltigste gruppirten, zum Theil dicht zusammen gedrängten Gestalten jedes Alters und Geschlechts." Die Verdammten werden von Dämonen in die Hölle getrieben, gerissen, geschleppt. Auf dem rechten Flügelbilde schlägt in einer wüsten Felsengegend, über der hoch oben ein in die Posaune blasender Engel schwebt, eine glühende Lohe auf. Von dem Qualm betäubt stürzen die Unseligen durch einander in einem sinnverwirrenden Knäuel, in dem das Auge mit Mühe die Individuen erkennt; es ist ein Durcheinander von Körpern und Gliedmaaßen, ein Schweben, Fallen, Versinken in dem über die Häupter zusammenschlagenden Feuermeere. Ein Einzelnes läßt sich in der gemeinsamen Qual kaum erkennen; es ist die Vernichtung jeder Individualität, die absoluteste Rücksichtslosigkeit, welche den Einzelnen einer besondern Beachtung und Strafe gar nicht würdigt.

Unter allen diesen Scenen ist wohl von der großartigsten Wirkung die folgende. Ein eben Verdammter wird von einem Dämon in der Art fortgeschleppt, daß der Letztere ihn an den Beinen rücklings über die Schultern genommen hat und der Kopf des Verdammten nach der Erde zu hängt. In seiner Todesangst hat dieser, wie es bei Ertrinkenden geschieht, das Bein eines andern Verdammten, welcher am Boden liegt, gepackt und hält dasselbe krampfhaft fest. Den Dämon kümmert es aber nicht, er trägt seine Last weiter. Dadurch fühlt sich der am Boden Liegende mitgerissen, krallt sich mit beiden Händen schreiend in die Erde und furcht dieselbe mit den Nägeln. Das ist in der That eine Scene, die in der *divina comedia* eine Stelle verdiente.

Man hat wohl den rechten Flügel, welcher die Hölle darstellt, für den bedeutendern halten wollen, aber mit Unrecht. Allerdings werden wir stets mit größerem Interesse bei der Darstellung des Schmerzes, der Wuth, der Verzweiflung verweilen als bei der stillen Seligkeit und hehren Freudigkeit wonnevollen Friedens. Denn die letztern Empfindungen stellen einen Zustand, jene innere Handlungen dar, und Handlungen sind stets der dankbarste und beredteste Gegenstand für künstlerische Darstellungen. Erst „der Wolf der in die Schafheerde fällt", giebt den Inhalt für ein poetisches Kunstwerk ab, nicht die ruhig weidende Heerde. Es ist nur die Hölle was uns bei Dante fesselt. Aber wir müssen nicht vergessen, daß die Malerei – andern Gesetzen als die Poesie folgend – allerdings auch Zustände, ruhig gleichmäßige Empfindungen darstellen kann. Wo wir uns in der Poesie nur mit einem „Bilde" helfen können, da tritt in der Plastik dieses Bild unmittelbar vor unsere Sinne. Den stillen Frieden auf dem Antlitz eines Betenden vergleichen wir poetisch vielleicht mit dem Monde, der über eine Meeresfläche strahlt; sehen wir aber ein solches Antlitz mit dem sinnlichen Auge, plastisch dargestellt, dann bedürfen wir eines solchen Vergleichs gar nicht. Und dann noch Eines. Für uns Menschen liegt ein eigener Reiz in dem, was sich uns als ein Kampf, ein Widerstreiten, ein Pathos darstellt. Wo wir einen Riß sehen, vermuthen wir eine Tiefe, die Ebene ist synonym mit Flachheit. Der Absturz eines Hügels imponirt uns, und auf einer Hochebene, dem ebenen Kamm eines Gebirges, fühlen wir Monotonie. Das ist aber nur ein Irrthum in unsern Vorstellungen. Auch in der Musik dürfen wir nur zwei mit einander ringende Motive hören, und wir sind erregt, während das Verweilen in der ätherklaren Reinheit einer Melodie uns nur in ein stilles Träumen versetzt. Dennoch bedingt dieses Träumen sicher ein unendlich tieferes Versenken als jene Erregung.

So ist es auch hier mit der Darstellung der Verdammten und der Seligen. Dort ein furchtbares Wogen und Wühlen, ein Hintaumeln in dem Sturmwinde, „der die Geister entrafft", ein stürzendes Finale wie in manchen Beethoven'schen Sonaten; hier ein lachendes Gefilde, ein Sonnenglanz wie in einem Mozartischen Andante. Beiden gegenüber stellt das Mittelbild gleichsam den ersten Satz einer Symphonie dar, ein gigantisches Ringen, das Auflösen des dramatischen Knotens, dessen Schürzung in das Leben der hier Auferstandenen fällt.

Der Ausdruck in den Gesichtern der Seligen und der Verdammten ist über allen Begriff großartig, und hieran sowie an *einzelne Gruppen* muß der Zuschauer, der nur bewundern will, sich allein halten. Im Uebrigen macht die Menge der nackten, spindeldürren Körper, bei aller Correktheit der Zeichnung, einen halb verwirrenden, halb peinlichen Eindruck. Den herabstürzenden, nur dem Gewichte der Schwere folgenden Körpern fehlt es an aller Rundung und der vollen sinnlichen Grazie; sie sind eben so eckig als dürr. Das Bild stammt aus einer Zeit, in der die ewige Schönheit, die Göttlichkeit der Menschengestalt noch nicht in ihre „unveräußerlichen" Rechte getreten war, wo das Fleisch noch Sünde, Grazie Frivolität bedeutete. Bewundern wir die anatomische Wahrheit, nach welcher der Künstler gestrebt hat; die künstlerische, das Reich der Schönheit, jenes damals noch neu zu entdeckende Amerika, welches erst in den folgenden Jahrhunderten aus den Werken eines Raphael, Tizian, Murillo die Welt entzücken sollte, ist ihm unbekannt geblieben. Dafür spricht aus seinem Bilde eine Naivität, ein Vertrauen, eine Hingabe an die Natur, ein psychologischer Instinkt, der uns immer und immer fesselt und mit Bewunderung erfüllt. Selbst in seiner Behandlung der Landschaft in dem Bilde ist er groß und naiv. Ein dunkler Himmel lagert über der weiten vom Meere begrenzten Ebene, aber am Horizonte strahlt ein intensives, weißliches Licht, das mit seiner geisterhaften Helle das Auge förmlich blendet. Nach der Seite der Seligen hin grünt und blüht die Erde in vollster Schönheit und nach der der Verdammten zu verliert sich die graue Wüste in ein Felsenlabyrinth.

Zürne uns nicht, Schatten des großen Meisters, wie auch immer die Menschen dich nannten, als du auf der Erde wandeltest, wenn wir nicht alle unsere Ansprüche befriedigt nennen, wenn wir vermissen, was du nicht bieten konntest! Wir schauen ja auch nicht anders nach den Sonnenflecken, als daß sich unser Auge bald geblendet senke.

Das Kruzifix

Ein Gnadenbild, wie nie noch eines war.
– – – – –
Chamisso, *das Kruzifix*

In der Eilftausend-Jungfrauen-Kapelle befindet sich ein aus Kreuz geschlagener Christus*, ein Kunstwerk von höchster Bedeutung, von einer erschütternden Wirkung, einer Naturwahrheit, wie kein zweites Werk dieser Art.

Das Christenthum, welches sein Symbol von der Kreuzigung Christi entnommen, hat diesen Akt und was demselben vorausging und nachfolgte recht eigentlich für bildliche Darstellungen empfohlen. Die Kreuztragung mit den dabei vorkommenden Zwischenfällen, das Anheften an das Kreuz, die Ereignisse während des Leidens Christi, die Kreuzesabnahme, das in Schmerz Versunkensein der Angehörigen bei Christi Leiche, endlich die Grablegung, sind unzweifelhaft Momente, die durch ihre Plastik, Bewegtheit, ihre Kontraste und eine große Mannigfaltigkeit der verschiedenartigsten Empfindungen sich ganz von selbst zu künstlerischen Darstellungen eignen. Den eigentlichen und ethischen Höhepunkt und zugleich Ruhepunkt dieser ganzen Reihe bildet das an das Kreuz Geheftetsein und innerhalb dieser Dauer wiederum der letzte Moment des Leidens und Lebens Christi, seine letzte Schmerzensklage, welche in dem schönen Ausruf:

„Mein Gott, warum hast du mich verlassen!" ihren Ausdruck gefunden hat. Es ist diese Klage darum so rührend, weil sie den Leidenden als Menschen und rein menschlich empfindend darstellt, in einer alles übermenschlichen Heroismus entkleideten und darum so rührenden und erschütternden Schwäche; einer Schwäche, welcher auch jene Worte in Gethsemane entsprangen: „Willst du, mein Gott, so gehe dieser Kelch an mir vorüber!"

Betrachten wir den Moment der Kreuzigung mit rein künstlerischem Auge, so müssen wir uns gestehen, daß kaum ein anderer denkbar ist, der sich plastisch so wenig zu einer Darstellung eignete, der dem Begriffe der Schönheit, jedem ästhetischen Gesetze so vollkommen widerspräche, wie dieser. Zwar die Stellung Christi zwischen den beiden Missethätern zeigt etwas von einer Pyramide; die Geradlinigkeit aber in der ganzen Körperstellung, die dadurch hervorgerufen wird, daß die Füße übereinandergelegt sind und die Arme mit dem Körper einen rechten Winkel bilden, die Bewegungs- und Regungslosigkeit des gesammten Körpers, welcher in der eigentlichsten Bedeutung fixirt worden, und dadurch die peinlichste Empfindung hervorruft; die vollständigste Unfreiheit des Leidenden; die ganze Situation, welche nichts als die absoluteste Passivität zuläßt – dieses Alles sind Momente, die – abgesehen von dem Widerlichen des Märthyrerthums – schon einzeln genommen eine Wirkung durch Gruppirung, überhaupt eine Komposition gar nicht zulassen. Auch beim Laokoon sind nur drei leidende Personen vorhanden; aber wie lebendig, wie aktiv, wie f r e i verhalten dieselben sich der zwingenden Nothwendigkeit gegenüber. Das Umwinden der Schlangen, der Biß derselben zwingt die Körper in die mannigfaltigsten Stellungen, zeigt deren herrlichste Formen und erweckt im Zuschauer das Bewußtsein, daß sie im nächsten Momente aus der fixirten Stellung in eine andere übergehen können. So zeigt die Laokoonsgruppe trotz der momentanen Ruhe ein Belebtsein, eine Aktivität, eine Perspektive, während die Gruppe am Kreuz dieser Momente aus rein physischen Gründen entbehren muß. Was ferner in der Laokoonsgruppe das vereinigende Glied der drei Personen abgiebt, ist nicht bloß die rein äußerliche Verkettung in schön geschwungenen „Schlangenlinien", es ist das gemeinsame Leiden von Vater und Söhnen, die in der Aktion des Erstern ausgesprochene Theilnahme für die Letztern, während die Missethäter Christus gegenüber nur in einem ethischen Gegensatze stehn und ein durchaus unfruchtbares Moment für eine plastische Darstellung abgeben. Denn der mit bloß künstlerischem Auge empfindende Zuschauer, welcher von dem allerdings rührenden Verhältniß der Verbrecher zu Christus nichts weiß, vermißt jeden Zusammenhang und die innere Beziehung der drei Leidenden zu einander.

Hienach ist es klar, daß der Darsteller des ans Kreuz geschlagenen Christus von vornherein auf die Wirkung durch eine Handlung verzichten muß. Was ihm bleibt, ist die Fixirung eines passiven Zustandes und innerhalb dieser so enge gezogenen Grenze die Darstellung einer Empfindung mittelst des Ausdrucks. Hiemit ist dem Künstler eine schwierige aber hohe Aufgabe gestellt. Denn da ihm der deutlichst redende Dollmetscher für die Empfindung, die Handlung, nicht zu Gebote steht, wodurch die Laokoonsgruppe zu uns so beredt und eindringlich spricht, muß er den ganzen Schwerpunkt in den Ausdruck des ruhenden Körpers legen. Und dieses ist nun unserm Künstler in einer ganz wundervollen Weise gelungen. Zugleich aber hat derselbe mit großer Meisterschaft die einzige Möglichkeit einer Bewegung des Körpers, die freie Stellung des Hauptes auf dem Halse benutzt, um dem bloß innerlichen Ausdrucke zu Hülfe zu kommen.

Vergegenwärtigen wir uns den Moment, welchen der Künstler gewählt hat. Es ist derjenige, welcher oben als der Höhepunkt der Kreuzigung hingestellt wurde, das letzte Aushauchen in dem Rufe: „Mein Gott, warum hast du mich verlassen!" Das Haupt, bis dahin von dem physischen Leben und dem die Schrecken des Todes überwindenden Geiste aufrecht gehalten, sinkt matt auf die Brust, wie in jenem schönen, so oft wiederkehrenden Bilde Homers der Mohn „belastet vom Regenschauer des Frühlings". Ueber das jugendlich schöne, mit einem leichten Flaum gezierte, vom dunkelschattenden Tode überflogene Antlitz zuckt ein letzter Schmerz; die Lippen sind welk und kaum zu einem Seufzer geöffnet, während in der Stirn sich in wunderbar schöner und erschütternder Naturwahrheit noch einmal das ganze Schmerzgefühl zusammenzieht. Es ist das eigenthümliche, ganz entgegengesetzte und scheinbar naturwidrige Zusammenziehen der Stirnmuskeln, welches eine großartige Wirkung hervorruft; derselbe wunderbare Ausdruck, welcher auf dem Kopfe Laokoons und des sterbenden Alexander jenen Stempel unsäglichen und doch so erhabenen Leidens aufdrückt, welches zu sagen kein Gott giebt. Während nämlich die Stirn in ihrer obern größern Hälfte beim schmerzlichen Zusammenziehen sich in Falten legt, die mit den Brauen prallel gehen, und dadurch diese in die Höhe zieht, krausen sich die Brauen selber zusammen und bringen dadurch Falten hervor, welche sich zu den Stirnfalten in genau entgegengesetzter Richtung legen.

Giebt nun diese Faltung der Stirn dem Antlitz den Ausdruck eines tief schmerzlichen Leidens, so wird derselbe noch verstärkt durch das sehr starke Hervortreten der Augen. Indem nämlich die Stirnmuskeln sich in die Höhe zusammenziehn und die Augenbrauen sich einander nähern, werden zugleich die Lider, welche die Augen bedecken, ganz ungewöhnlich angespannt; der Augapfel tritt mithin hervor und giebt dem Antlitz etwas, was an einen Todten erinnert.

Die Behandlung des Körpers ist der des Gesichts entsprechend. Die Glieder sind von vollster Weichheit und Jugendlichkeit wie beim Apollo von Belvedere; der Brustkasten tritt, wie es die Situation nun einmal mit sich bringt, sehr stark hervor, während der Unterleib scharf an- und eingezogen ist. Die Naturwahrheit entbehrt nirgends der Schönheit; es ist als ob der Künstler seine Studien am Laokoon gemacht hätte, der bekanntlich den Unterleib gleichfalls schmerzzuckend einzieht. Bewundernswerth ist die Darstellung der Adern an der innern Seite des Unterarmes, die angespannt und blutgefüllt als ein deutlich erkennbares Netz hervortreten.

Am meisten erfreut wohl an dieser Statue das von dem Künstler beobachtete Maaß. Wer nur einmal in Gallerieen die Gemälde selbst der größten Meister, welche Marterscenen behandeln, angesehn hat, wird von der Scheußlichkeit und Widerlichkeit der gebrauchten Mittel der Outrirtheit im Ausdrucke des Leidens sich abgestoßen gefühlt haben. Denn die Künstler legen bei solchen Märthyrerdarstellungen den Schwerpunkt gar zu gern in die rein äußerlichen Schrecknisse. Eine unnatürlich große Dornenkrone, dicke Blutstropfen zeichnen zum Beispiel die sonst trefflichen Ecce-Homo's Guido Reni's aus. Hier aber ist nicht bloß der innerliche Schmerzensausdruck in den Grenzen der Naturwahrheit und Schönheit gehalten, auch die nicht zu umgehenden Darstellungen der Wunden, des Blutes, der Dornenkrone sind so zart, so wenig hervortretend, so fast nur angedeutet, daß dem Schönheitsgefühl volle Rechnung getragen wird.

Nicht genug kann aber die Färbung des Körpers bewundert werden; es ist ein gelbliches Weißgrau, welches das noch pulsirende Leben und zugleich die Nähe des Todes andeutet, und in kaum merklichen Nüancirungen die einzelnen Glieder überzieht. Ich muß gestehn, daß ich bis dahin nicht habe begreifen können, wie die Alten es jemals vermocht haben, ihre Marmorstatuen zu bemalen. Jetzt ist dieses Räthsel für mich halb gelöst. Ist diese Christusstatue, von Holz und in der Blüthezeit eines Jahrhunderts gearbeitet, welches sich auch in der Technik mit dem Alterthume nicht vergleichen durfte, schon ergreifend, wie ganz anders kann nicht die Wirkung jener alten großen Werke gewesen sein, die in der Formvollendung bis jetzt nicht erreicht worden sind, wenn die Wirkung eines diskreten Kolorits den plastischen Ausdruck unterstützte.[45]

Fassen wir nun unsere Darstellung in einem Resultate zusammen, so finden wir:

Der Künstler hat nach der höchsten Naturwahrheit gestrebt, ohne die Gesetze der Schönheit zu verletzen; er steht auf ganz modernem Boden, mit voller Erkenntniß des antiken Geistes; sein Christus ist rein menschlich aufgefaßt, ohne die leiseste Bedeutung einer christlichen Mystik.*

Dieser letzte Punkt ist gar nicht genug hervor zu heben. Weil es dem Künstler nur auf die durch das Schönheitsgesetz bedingte Naturwahrheit ankam, ist sein Werk so rührend. Wir sehen keinen Gott, der den Schmerz im Bewußtsein seiner unantastbaren Göttlichkeit überwindet, auch keinen Gottmenschen, dem die Erdenschranken schwinden; – es ist der reine Mensch in dem vollen Bewußtsein unsäglichen Leidens, in seiner Trostlosigkeit, auf dem Wege zu einer – wenn auch nur gegenwärtigen – Vernichtung, die geknickte Mohnblume in ihrem Verwelken. Mag auch die Seele diesen Schmerz, diesen Tod überwinden, der schöne Leib ist hin, diese Adern schwellen nur im letzten Todeszucken und dieses brechende Auge wird sich nicht mehr dem Lichte öffnen.

Der Name unseres Künstlers ist der Nachwelt nicht erhalten. Es geht allerdings die Sage, daß dieses Kruzifix von Michel Angelo herrühre, allein durchaus ohne allen Grund. Michel Angelo's Werke sind von diesem zu verschieden, als daß man auch nur eine solche Vermuthung zulassen dürfte. Ich erinnere mich allerdings einer von ihm gearbeiteten Marmorbüste in der Kirche *Santa Agnese fuori le mura* zu Rom, einen Christus darstellend, welche sich durch eine diesem Künstler sonst ganz ungewöhnliche Weichheit der Formen, ja durch einen fast modernen Gesichtsausdruck auszeichnet, aber einen eigentlichen Parallelismus kann ich auch hier nicht entdecken. Uebrigens soll sich in Rom ein diesem Danziger ganz ähnliches Kruzifix befinden.

Ist uns der Künstler unbekannt geblieben, so hat sich dafür die poetische Sage dieses Stoffes bemächtigt. Sie erzählt, daß der Meister, verzweifelnd seinem innern Ideale den entsprechenden Ausdruck zu verschaffen, einen Jünger seiner Kunst als Modell auf das Kreuz gebunden und dann wirklich daran geheftet habe, um die Züge des Sterbenden nachzubilden.

Diese Sage, die Chamisso in einem ergreifenden Gedichte behandelt hat, ist wohl das lautest redende Zeugniß für die Vollendung dieses unübertroffenen Kunstwerks. Denn die Menge greift da, wo ihr das Verständniß abgeht, zum Wunderbaren. Bald muß Pygmalions lebensvolle Schöpfung wirklich athmen, bald Raphael die heilige Jungfrau selber erscheinen. Dort wollen die naschenden Vögel die gemalten Kirschen anpicken, hier errichtet der Teufel eine Brücke. Das Unbegriffene ist ein Wunder und das Höchste der Kunst ein Unbegriffenes.

Die Speicherinsel

Auf den Stapel schüttet die Ernten der Erde der Kaufmann.
Schiller, *Der Spaziergang*.

Die Bedeutung des Großhandels wird von Niemand bestritten, seine Poesie von Wenigen erkannt. Zwar den meerdurchsegelnden Schiffen gesteht man gerne die ganze Romantik und Abenteuerlichkeit zu, den poesievollen Nimbus, der seit den Fahrten der Argonauten bis Franklin hin die Stelle des dichten, unbekannte Zonen umhüllenden Nebels einnimmt. Aber den Zwecken, welchen diese Fahrten dienten, dem Verkehr, dem Handel, haftet in den Augen der Meisten etwas vom Kleinlichen, von der Waage und Elle an. Und gar Bauwerke, welche, aller jener abenteuerlichen Poesie entkleidet, nur dem materiellsten Interesse, nur der Waare dienen, solche in ihrer tiefern Bedeutung zu erfassen, wird wohl den Meisten schwer, wenn nicht unmöglich. Wer es nicht vermag, der wird auch in der großartigen Speicherinsel Danzigs nichts sehn als ein großes Waarenviertel, das durch gewisse Werthe repräsentirt wird; eine Zahlenreihe, bei der nur der eigene Antheil das Interesse bestimmt; ein Feld für den Statistiker.

Und doch sollte das eine Moment schon entscheidend sein. Der Handel ist der Kulturvermittler. Nicht bloß der Reichthum folgt seinen Bahnen, sondern auch die Bildung; nicht bloß der Nebel der Ferne schwindet, wo er seine Lichter anzündet, sondern auch der Dunst des Aberglaubens. Den physischen und den intellektuellen Horizont erweitert er ins Unendliche und bringt Gesittung, Bildung und Freiheit. Nur die Beschränktheit sieht in diesem großartigen Kulturfaktor das Krämerhafte; dem Weitblickenden wird die Krämerwaage selbst zum Symbol dieser die Erde mit ihren Bahnen umschließenden Macht.

Im Winter, wie monoton ist die Existenz zwischen diesen schweigenden Speichermassen! Einzelne getreidebeladene Fuhrwerke werden abgeladen, aus den geöffneten Luken klingt das eigenthümliche scharrende Geräusch der Schaufeln, womit die Getreidevorräthe „umgestochen" werden; aus manchen tönt der Gesang der Handarbeiter. Wenige Laternen erhellen Abends die weiten Straßen; Nachtwächter lassen schon mit dem Einbruche der Finsterniß ihre Pfeifen von Viertel- zu Viertelstunde hören.

Wenn aber im Fühlinge das Eis von den Häfen und Flüssen geht, dann erwacht das Leben in diesen schlafversunkenen Räumen. Das erste Schiff, eine wahre Sommerschwalbe, wird mit Jubel begrüßt, ein zweites, eine ganze Reihe folgt. Die einen kommen leer, laden ihren Ballast aus, in dem die Jugend nach ausländischen Steinen sucht, und nehmen Frachten in ihre unersättlichen Räume; die andern bringen Waaren und legen an den Bohlwerken hinter einander an.

Nun entwickelt sich ein ungeahntes Leben und Treiben. Last auf Last wird von den sogenannten „Sackträgern", die eine eigenthümliche Korporation bilden, in Säcken von den Speichern in die Schiffe, von diesen in die Speicher getragen. Im hüpfenden[48] Gänsemarsch durcheilen sie die Straße. Von manchen Speichern wird das Getreide durch die Oeffnungen auf die Straße geworfen, damit es von allem Munkligen und Modrigen befreit und vollends gereinigt werde. Im Sonnenschein fällt der Weizen wie ein Goldregen herab. Dort zupfen Frauen den Hanf und Flachs zurecht, der sofort zu Ballen gebunden und sortirt wird. Hier werden Steinkohlen aus- dort Holzmassen eingeladen. Die Jugend springt auf den Bohlwerken umher, fällt über die ausgespannten Ketten und Taue, wundert sich über den Mohren auf jenem Dreimaster aus Boston, aber sie denkt, das müsse nun einmal Alles so sein. Und doch ist dem denkenden Menschen nichts wunderbarer als diese Erscheinung. Er liest staunend die Namen der Orte, woher alle diese Schiffe kommen, umspannt mit einem Blicke die ganze Erde, und fühlt sich als ein Theil dieses gewaltigen Makrokosmos und als verschwindendes Atom zugleich.

Wenn der Hochsommer da ist, dann kommen die großen, wahrhaft kolossalen Fahrzeuge der Polen, ihre mit Getreide beladenen Flöße. Wir sehen den Schiffern halb ekel, halb lächelnd zu, wie sie aus einer hölzernen Mulde, rings herumgelagert, essen, wie sie auf ihren „Voresser" achten, nach dessen Beispiel, gleichsam im Rudertakte, die Löffel eintauchen und ein Stückchen Speck auffischen. Mehr Interesse erregt ihr origineller Tanz im Schiffe, zu dem einer von ihnen auf der selbstgearbeiteten Geige eine slavische melancholisch-weiche Melodie spielt. Sonst sind es schmutzige zerlumpte Gesellen, diese „Flissen" und „Dschimken"; wir scheuen ihre Berührung als gefährlich. Nur die Knaben lassen sich mit ihnen gern in einen Handel ein und kaufen von ihnen geschnitzte Stöcke, wogegen sie metallene Knöpfe, – mit denen sie im ersten Frühlinge durch Anwerfen an die Mauern ein lebhaftes Spiel getrieben hatten, – hingeben. Man sieht, es ist der Kulturzustand von Halbwilden und Kindern.

So ist das Leben zwischen diesen Speichern und auf den Ladebrücken an dem Strome. Aber es ist nicht bloß der Hinblick auf dieses Treiben, was einen Gang durch diese Straßen so interessant macht, es sind auch die Bauwerke selber, dieses Uebereinander vieler Stockwerke und Schüttungen, die Kolossalität und Mächtigkeit ihrer Mauern, was namentlich dem Binnenbewohner ganz wunderbar erscheint. Lächelnd lesen wir über den Thüren die Namen, welche diesen Speichern beigelegt sind, und zu denen sich „Sonne, Mond und Sterne" haben hergeben müssen. Manche führen den Namen von Städten, wie: Thorn, Marienburg, Stargardt u.s.w., manche von Pflanzen, wie: Kirschbeerbaum, Kaffebaum. Vorzüglich aber finden wir Thiere als Symbole gewählt: Weißes Schaf, Adebahr (Storch – auch eine Straße heißt so), Delphin, der goldene, der rothe Lau (Leu), der weiße Bahr, „in den vergulden krebs 1614“, weißes Roß, Elephant, Pelikan. Bei einem Speicher dient ein Bootsmann als Symbol, bei einem andern ein Türke, bei einem dritten der Patriarch Jakob (allerdings keiner der ehrlichsten Patriarchen und deshalb für ein Kaufgeschäft ein ziemlich zweideutiges Symbol). Auf einem Bilde sehen wir eine niedrige Insel gemalt (eine sogenannte Kampe), darunter geschrieben: Kempenspeicher. Manche Bezeichnungen sind ganz abstrakt; wir finden ein Relief, einen Rathsherrn darstellend, der in der rechten Hand ein kleines Kind und in der Linken einen Todtenkopf hält, darüber steht: *hodie mihi cras tibi*, heute mir morgen dir). Ein Speicher heißt die Einigkeit, ein anderer Alter-Testaments-Speicher.

Diese Sitte die Speicher zu benennen kommt auch in andern Städten, nur nicht so häufig vor als in Danzig.[49] Auch auf Wohnhäusern finden wir über dem Hausportal oft Inschriften, wie:

> *Neminem time neminem laede*
> (Scheue Niemand – schade Niemand). –
> Fürchte Gott, ehre den König. –
> Fürchte Gott, thue recht, „scheuwe Nemandt.“ –
> So es Gott behagt,
> Besser beneidet als beklagt. –

Zu den großartigsten Schauspielen gehört wohl der Brand eines Speicherviertels. Da die meisten aus Holzfachwerk bestehn und die Materialien, wie Hanf, Flachs, Oel, für Feuer sehr empfänglich sind, so verbreitet sich die Flamme oft mit rasender Schnelligkeit. Zum Schutze gegen Feuersgefahr pflegen deshalb Speicher auch gern auf einem abgesonderten Raume zu stehn; eine Insel ist natürlich noch günstiger. Oft aber bricht das Feuer auf einem solchen Raume selber aus, wie bei dem Brande am 1. November 1813, als bei der Belagerung Danzigs durch die Preußen und Russen 173 Speicher mit ihrem ganzen Inhalte ein Raub der Flammen wurden.

Einen seltsamen Eindruck macht es bei einem solchen Brande die in der Nähe ankernden Schiffe fliehen zu sehen. Am furchtbarsten aber wird das entfesselte Element, wenn es selbst seinen Gegner, das Wasser, nicht bloß bewältigt, sondern gleichsam als Bundesgenossen zu sich herüber zwingt. Bei dem großen Brande in Königsberg im Jahre 1811 platzten die Oelfässer und ergossen ihren Inhalt in den Pregel, der sich bald in einen Feuerstrom verwandelte und das Löschen unmöglich machte.

Es ist hier, wie überall, nicht das Furchtbare einer Naturkraft an sich, es ist das Sonderbare, Neue, Unerhörte, wovor wir rathlos dastehen.

Ein Genius Loci

Ist es dir schon vorgekommen, daß du auf einer Wanderung in der Heimath oder Fremde ein altes Gemäuer, eine Burgruine, eine Kirche aufsuchtest, darinnen einen graubärtigen, etwas barschen Führer antrafst, der dich über Trümmer und durch verfallene Hallen jagte, deine gleichgültigen Fragen wortkarg beantwortete und froh schien, wenn er sein Pensum hinter sich hatte? Und machtest du vielleicht eine Bemerkung, bei welcher das Auge in diesem kalten Antlitze mit überraschender Wärme strahlte? Bemerktest du wie die Rede deines

Führers lebendig, erregt, begeistert wurde, wie er von seiner Ruine, seiner Kirche sprach, als ob es seine Geliebte, der Inhalt seines Denkens und Strebens sei? Drücktet ihr euch beim Abschiede nicht die Hand? Und als du vom Thale aus noch einmal zu dem verlassenen Gebäude emporblicktest, erschien es dir nicht belebt, durchgeistigt, die Wohnung eines freundlichen Genius?

Und wie kam es, daß du diesen wortarmen, sonderbaren Mann erwärmtest? – Du zeigtest, daß dich sein Gebäude, durch welches er dich führte, entzückte. Du würdest es vielleicht längst gethan haben, hättest du gewußt, daß dieser Mann sein ganzes Streben auf die Erkenntniß desselben, auf die Durchforschung auch des letzten seiner Trümmer, auf den Schutz des verwitternden und geborstenen Gemäuers gerichtet, und daß der kühnste seiner Gedanken dahin gehe, diese Hallen einst in alter Schönheit und Pracht erstehn zu lassen.

Es ist ein wunderbarer Eindruck, einen solchen Menschengeist zu sehn, der sich epheugleich an dem Gemäuer eines Denkmals der Vergangenheit hinaufrankt. Gewohnt ziellos in die Weite zu schweifen, erscheint uns diese beschränkte, eng umschriebene Existenz wie die idyllische Verwirklichung eines Traumes von Glück und Zufriedenheit, wie ein harmonisches In-sich-versunkensein nach den Wirren und der drängenden Unruhe quälender Sehnsucht. Es liegt in diesen Menschen eine Freudigkeit, die allen denen eigen zu sein pflegt, welche an etwas Großes anknüpfen. Mag nun dieses Große eine Erinnerung, eine Tradition sein oder ein Kunstwerk, sie fühlen sich gehoben, getragen wie die Pflanze, welche ihre Wurzeln in die Fugen der Mauer senkt, um zuletzt fahnengleich oben im Winde zu flattern, dieselbe Pflanze, die ohne einen solchen Halt im Gewirr der am Boden kriechenden Ranken verkümmert sein würde.

Wer kann die Marienburg sehn ohne Häblers Namen auszusprechen*, der die entstellten Räume erforschte, ihre einstige Bestimmung ermittelte, sie zeichnete, beschrieb und am Wesentlichsten zu der Wiederherstellung dieses herrlichsten Denkmals des deutschen Ordens beitrug?

Unsere Zeit mag den Vorwurf des Mangels an Selbstständigkeit an schöpferischem Genie verdienen, aber es hat vielleicht niemals eine Zeit gegeben, welche für die Erhaltung und Wiederherstellung alter Denkmäler der Kunst thätiger gewesen als die unsrige.**

In Danzig ist für die Bauwerke des Mittelalters das Interesse niemals erstorben gewesen, die Pietät niemals erkaltet. Was hier zerstört worden, sank entweder von feindlichen Bomben getroffen in Trümmer, oder von dem Zahne der Zeit zerfressen. Wir stoßen auf keinen Vandalismus, wie er einst an den Tempeln des römischen Forums oder noch am Ende des achtzehnten Jahrhunderts an der Marienburg verübt worden. Hier sind niemals die Mauersteine aus den Facaden öffentlicher Gebäude gerissen, um den Eckstein für die Bude eines Krämers abzugeben. Die Stadt Stolzenberg fiel der Nothwendigkeit, weil ihre Existenz mit der Sicherheit Danzigs bei feindlichen Belagerungen unvereinbar war***, und das alte Schloß vernichtete der siegestrunkene Zorn des von der Ordensherrschaft befreiten Volkes.**** Mit kaltem Raffinement ist hier kaum etwas verwüstet.

Nur unserm Jahrhundert schien es vorbehalten, eines der interessantesten Bauwerke Danzigs unrettbar dem Untergange zu weihen, seine sonstigen humanistischen Tendenzen zu verleugnen. Daß es nicht so gekommen, verdanken wir einem einzigen, unbekannten, oft verspotteten, sonderbaren Manne, dem Bildhauer Rudolf Freitag.+

Es ist das ehemalige Franziskanerkloster, unmittelbar im Süden der Trinitatiskirche gelegen, was in diesem Manne seinen Retter, seinen *genius loci* gefunden hat.

Die Trinitatis-(Graumönchen-)Kirche wurde seit dem Jahre 1431 auf Veranlassung der Franziskanermönche durch milde Gaben und von Handwerkern errichtet, welche ihre Dienste unentgeltlich und meist nur in den Feierstunden gewährten. Auf diese Weise kam der großartige Bau zwar im Laufe des funfzehnten Jahrhunderts wirklich zu Stande, war aber so mangelhaft ausgeführt, daß schon 1503 am frühen Morgen des 4. Oktober die ganze Straßenfronte nebst fünf Pfeilern, einem Theile des Gewölbes und dem Dache herunterstürzte. Indessen wurde die Kirche bis zum Jahre 1514 wiederum hergestellt.

Das Kloster war ungefähr in derselben Zeit erbaut. Wie die Marien- und die Dominikanerkirche wurde auch hier Kirche und Kloster halb der Schauplatz jener höchst unruhevollen Auftritte, welche die Reformationskrisis in Danzig charakterisirt. Hier predigte zwar nicht der verwegene Finkenblock, sondern der gemäßigte Franziskanermönch Alexander; dennoch kam es im Jahre 1525 zur Vertreibung der Mönche durch die aufgeregten Volkshaufen; und obwohl im folgenden Jahre das Kloster wieder eingeweiht wurde, hatte doch das Leben darin seine Reinheit verloren. Wir lesen in einem spätern Berichte des Guardians an den Rath der Stadt: „Wenn der Bruder Benedikt weiter in der Stadt mit lüderlichen Frauen in Wirthshäusern trinkend betroffen werden sollte, so bitte er, ihn durch Stadtboten in das Kloster bringen und dort drei Tage lang bei Wasser und Brod, die übrige Zeit bis zu seiner Ankunft in leichter Haft bewachen zu lassen."

Nachdem der Sieg der Reformationspartei entschieden war, wurde die weitere Existenz des Klosters immer mehr in Frage gestellt. Der letzte Vorsteher, Johann Rollau, übergab es daher im Jahre 1555 der Stadt, jedoch nur unter der Bedingung, daß die Räumlichkeiten zur Einrichtung einer Schule („Zuchtschule") verwendet werden sollten. So entstand schon 1558 das Akademische Gymnasium, an welchem berühmte Gelehrte, wie Strauch, Schelwig, Calov, Bertling, Kulmus, Hanov, Lengnich gelehrt haben, während wir unter den Schülern den Namen der Dichter Gryphius, Hoffmannswaldau, Kleist begegnen.

Nach der preußischen Besetzung Danzigs* wurde das Kloster in ein Lazareth verwandelt. Die französische Occupation änderte hieran nichts. Auch später diente es militärischen Zwecken und im Jahre 1829 wurde es sogar von dem Militair-Fiskus angekauft, um in eine Kaserne umgebaut zu werden. Elende Zwischenwände verunzierten zwar das Innere, aber mangelnde Fonds und Lässigkeit verhinderten wenigstens eine nicht mehr gut zu machende Vernichtung des Bauwerkes. Sein wahrer Retter sollte ihm in Freitag erstehn.

In Breslau geboren und auf der dortigen Kunstschule und der Wiener Akademie gebildet, begab sich der für die Kunst glühende Jüngling 1824 nach Italien, um unter Thorwaldsens** und Martin Wagners*** Leitung seine Studien zu vollenden. Dort schuf er mehrere geschätzte Kunstwerke, wie einen taubentränkenden Amor, eine Bacchantin, dann arbeitete er im Fries der Walhalla und ging 1830 mit Zahn nach Pompeji.**** Jahre lang studirte er hier die Kunstwerke der ausgegrabenen Stadt und nahm von ihnen für den preußischen Gesandten in Rom Gypsabgüsse, die er in Folge eines eifersüchtigen Verbots der neapolitanischen Regierung Nachts anzufertigen gezwungen war. Wir lesen mit Ergötzen in der kurzen Lebensskizze des Künstlers von *Dr.* Brandstäter[+], – dem diese Darstellung entlehnt ist, – wie die wachthabenden Veteranen, die auf jeden nächtlichen Besucher schießen sollten, durch Hexenspuk geschreckt werden mußten. „Mit sprühender Kohlenpfanne auf dem Kopfe einherschreitend spielte Freitag die Hexe vom Vesuv, wie sie Bulwer in seinem bekannten Roman erwähnt, und ließ sich dann des

Morgens ganz ehrbar von den Graubärten in der Wachtstube an der *casa di Salustio* erzählen, was die alten Heiden vorige Nacht wieder für einen Spuk getrieben hätten!"

Nach mancherlei Studien, Fahrten und Schicksalen kam Freitag im Jahre 1844 als Lehrer an die Kunstschule nach Danzig mit einem Gehalte von 150 Thalern. Hier begeisterte ihn der Anblick der reichen Kunstschätze dieser Stadt; er beschloß zuvörderst den zerstreuten, von der Ignoranz selten gewürdigten und dem Untergange ausgesetzten altpreußischen Alterthümern eine Stätte zu gründen. Seine kleine Sammlung nannte er mit voller Kühnheit Danziger Museum. Geringschätzung und Anfeindung wußte er leicht zu ertragen; schwerer war es, seinem Museum ein passendes Unterkommen zu verschaffen. Zwar wurden auf das Gutachten des Geheimen Oberbaurathes von Quast* ihm dazu die Räumlichkeiten des Brigittenklosters auf der Altstadt angewiesen, aber leider nur auf kurze Zeit, da dieses Kloster als baufällig bald abgebrochen werden mußte. Heimath- und obdachlos erhielt das junge Museum ein Unterkommen in dem Gouvermentsgebäude auf Langgarten. Mittlerweile aber lernte Freitag das freistehende Franziskanerkloster besser würdigen. Vielleicht nur um den unablässigen „Querulanten" los zu werden, wurde ihm ein Theil des Klosters zur Benutzung überlassen. Man ahnte nicht, daß der Künstler, einmal im Besitz, nicht mehr aus diesen Räumen zu vertreiben sein werde. Denn, entschlossen das herrliche Bauwerk nicht bloß als Stätte für sein Museum zu behalten, sondern der Kunst überhaupt zu erobern und es seinen Gegnern ganz zu entreißen, wandte sich Freitag ohne Zagen 1849 an den König selber, und damit war, obwohl das Kriegsministerium wiederholt remonstrirte, die Angelegenheit auch von Vorne herein zu Gunsten des Künstlers entschieden. Nachdem der König den Kunstbau selber in Augenschein genommen, erging im Februar 1852 die Allerhöchste Erklärung: „die militärischen Zwecke ließen sich hier mit den Rücksichten der Kunst nicht vereinigen; auch verstehe es sich, daß Freitag mit seinen Sammlungen im Gebäude bleibe." In komischer Verlegenheit verlangte das Kriegsministerium nun wenigstens vom Kulturministerium den an die Stadt gezahlten Kaufpreis mit 19,000 Thalern ersetzt, und da letzteres hierauf nicht einging, bot man das Bauwerk sogar dem Justizministerium an zur Errichtung eines Kriminalgefängnisses. In der Episode dieses Kampfes des Künstlers mit den Nützlichkeitsprinzipien bildet dieser Wendepunkt einen der heitersten Momente. Allein es blieb bei der Königlichen Entscheidung, „daß das Gebäude keiner Benutzung ausgesetzt werden solle, die seinem Charakter und seiner ursprünglichen Bestimmung zuwider wäre"; am funfzehnten September 1855 erfolgte endlich auch der Bescheid, daß das Gebäude von allen Ministerien definitiv aufgegeben worden sei.

Es kann nichts erfreulicher sein, als dieser Darstellung hinzuzufügen, daß die städtischen Behörden Danzigs in neuester Zeit den Ausbau und die Wiederherstellung des Franziskanerklosters beschlossen und dazu eine bedeutende Summe angewiesen haben. Der längstbewährte Gemeinsinn der Danziger durfte hinter der Großherzigkeit des Königlichen Beschützers nicht zurückbleiben.

Einzelnes

I.

Der Bischofsberg gewährt nicht nur den schönsten Blick über Danzig, er ist in dem Panorama, welches sich uns von dem Pfarrthurme oder dem Walle am Hohen Thore darbietet, auch unzweifelhaft der Mittelpunkt aller Schönheit. Eine „Reise" um diesen Berg gewährt die schönsten Eindrücke.

Wir verlassen die innere Stadt durch das Hohe Thor und werfen dabei einen Blick auf die an dessen Facade angebrachten drei Wappen, von denen das polnische von zwei Engeln, das Danziger und westpreußische aber von zwei Löwen gehalten wird; wir gedenken bei dem ersten jenes im Berliner Museum befindlichen Gemäldes von Holbein*, auf welchem zwei Engel Christi Leichnam betrauern, versenken uns aber rasch in das belebte Gewimmel der Straßen und eilen dem Neugartener Thore zu. Geradeaus führt der Weg nach Schidlitz, einer bei den Belagerungen der Stadt oft abgebrannten, in einem freundlichen Thale baumversteckt liegenden Vorstadt, und weiter nach dem „Paradiese" und der „Hölle" zu. Wir steigen links den Weg hinan, der hinter den Festungswerken die Höhe hinanführt und auf deren östlich auslaufender Spitze die Gebäude des Bischofsberges liegen. Mit diesem Höhenzuge geht nördlich ein zweiter parallel, der in dem Hagelsberge endigt; beide schließen das Schidlitzthal ein.

In den Belagerungen Danzigs haben diese Punkte fast stets die Hauptrolle gespielt. In den ältern Zeiten waren sie allerdings noch nicht in den Kreis der Befestigungen gezogen, weil die schweren, unbeholfenen Wurfgeschütze, die man hier aufstellte, der unten liegenden Stadt nur geringen Schaden zufügten. Die 40 bis 50 Pfund schweren Steinkugeln Stephan Bathori's* reichten nicht über die heutigen Wälle der innern Stadt hinaus. Als die Geschütze verbessert wurden, stellte sich die Befestigung dieser die Stadt vollkommen beherrschenden Höhen als unabweisliche Nothwendigkeit dar, und gegenwärtig ist sie denn auch bis zu dem Grade fortgeführt, daß Danzig zu den Festungen ersten Ranges zählt.[50]

Wir beklagen, daß wir hinter hohen, nur selten einen Durchblick verstattenden Wällen auf die Höhe hinter den Bischofsberg gelangen, der – hier kaum zu ahnen – uns seinen Rücken zukehrt. Er erscheint hier wie ein in Gyps gegossenes Relief, das wir von der Rückseite betrachten. Einzelne Durchblicke auf die Stadt, die Werder, das Meer entlocken uns einen Ausruf freudigen Erstaunens.

Wo die Höhe nach Süden abfällt, steigen wir in einem Thal hinab zu der von Ohra herkommenden Straße, neben der die neue Radaune, viele Fuß höher als die östlich gelegene Ebene, hinfließt. Der Blick auf die Niederung, die Ohraer Höhen entlang, erinnert uns an die Bergstraße des Odenwaldes. Und lächelt nicht! Ist doch Alles nur relativ. Der Brocken würde in den Alpen ein – Brocken bleiben und ist in der norddeutschen Ebene ein Gebirge; der einsam liegende, aus dem Schutte Roms gebildete Monte Testaccio erscheint den Reisenden meist gegen tausend Fuß hoch, bei einer wirklichen Höhe von vielleicht hundert. So liegt keine Uebertreibung darin, wenn wir hier an ein Gebirge erinnern; die Bezeichnung einer Schweiz für die Sandsteinufer der Elbe oder die Sandhügel der Mark ist richtiger als wir glauben.

Wir gelangen durch das Petershagener Thor in die zwischen der Radaune und dem Bischofsberge liegende Vorstadt Petershagen, überschreiten eine Brücke und steigen eine lange unterirdische Treppe hinauf, welche auf die Höhe des Bischofsberges führt. Die daselbst in den Jahren 1827 bis 1833 erbaute Kaserne ist eben so imposant als schön.

Das glänzende Weiß der Mauern, welche sich scharf gegen den grünbuschigen und umwallten Hintergrund abzeichnen, die an griechische Tempel erinnernden „Adlerdächer", die luftig kühne Lage, der weite Blick über die Stadt bieten ein reizvolles Ensemble dar. Wir schauen über die fruchtbaren Werder, ein Bild tiefsten Friedens, und doch ist dieser Boden ein Vulkan, nur daß die plutonische Kraft nicht unter dem Boden, sondern auf diesen „feuerspeienden" Bergen verborgen der Katastrophe harrt.

Auf einem holprigen Steinwege gelangen wir durch das „schwarze Meer" wieder zum Hohen Thore.

II.

Danzig bildet einen Riß durch das Schablonenthum der Bauverständigen. Und wenn seine Bauwerke auch nichts weiter wollten, sie hätten ihren Zweck erreicht.

Da heißt es: Der Ziegelbau läßt keine Durchbrochenheit zu. Seht euch aber die Giebel der Trinitatis- und Annakirche an, gesteht, daß ein leichterer, luftigerer Bau gar nicht möglich ist, – und doch besteht das Material aus gebranntem Thon. Wie sonderbar, den gothischen Spitzbogen auf einen andern, Spitze auf Spitze zu stellen; wie seltsam, diesen selben Bogen statt nach Außen nach Innen zu biegen; wie häßlich diese „Eselsrücken", dieser „Fischblasenfries"! So müßten die Bauverständigen sagen. Und all dieses zusammen ist von einer entzückenden Schönheit, harmonisch in sich, harmonisch in seiner Umgebung.

Was uns fehlt, das ist ja eben diese Harmonie. Wir haben das Parthenon gemessen und kennen das rechte Verhältnis von Durchmesser und Höhe bei der Säule; wir wissen, wie weit die Biegung des gothischen Bogens gehn darf, aber wir wissen nichts von dem Geist, der in diesen Gesetzen ruht, und so ist deren Beobachtung ein todter Mechanismus, in dem das letzte Leben erstarrt.

III.

In der Langgasse befindet sich das Haus des Konditors Herrn Kaismann*, welches einen seltenen Schatz in sich schließt. Dasselbe war bis vor einigen Jahren in dem Besitze eines Tischlers. Als der gegenwärtige Eigenthümer es erwarb, ließ er das unten belegene hintere Zimmer neu einrichten. Man war im Begriff die völlig geschwärzte Decke mit Leinwand zu überziehen, als man endeckte, daß der Plafond aus Oelgemälden von großem Werthe und deren Rahmen aus einer äußerst kunstvollen Holzschnitzerei bestanden. Jetzt ist die Decke vollständig restaurirt und strahlt in alter Schönheit. Wie interessant aber auch das Schnitzwerk der Rahmen und die Reihe der Köpfe ist, welche den Plafond tragen, es wird weit übertroffen von dem Schnitzwerke an dem breiten Fenster, welches nach Süden geht. Dieses Fenster besteht aus vier großen, in der Mitte getheilten Flügeln. Nicht bloß der eigentliche Rahmen desselben, sondern auch die Säulen, welche die einzelnen Flügel trennen, sind von einer so kunstvollen, feinen und sinnigen Arbeit, wie wir sie kaum in der Marienkirche und im Rathhause, die doch reich an dergleichen Erscheinungen sind, vorfinden. Die zierlichsten Arabesken umgeben die Ständer; einzelne Köpfe treten aus ihnen heraus; namentlich sind es die beiden Figuren des Minos (Minus) und Julius Cäsar, die unsere Aufmerksamkeit auf sich ziehen. Blicken wir durch das Fenster auf den Hof, so bemerken wir eine Reihe von Köpfen aus Stein, welche an dem Hofgebäude das über das untere hinausragende obere Stockwerk tragen.

Haben wir uns an all dieser reichen Schönheit erfreut, dann führt uns der Besitzer dieser Herrlichkeit lächelnd zu der – leider durch die neue innere Einrichtung vollkommen verbauten – Treppe, welche aus der Vorhalle in die Saal-Etage führt. Wir sehen hier, gleichfalls aus Holz geschnitzt, eine Darstellung des unter den Thieren die Leier spielenden Orpheus. Gruppirung, Ausdruck, die Behandlung der Bäume sind von großer Schönheit. Die Technik wagt sich an kühne Aufgaben; die Zweige der Bäume stehn frei da, so daß sie einen Raum zwischen sich und der Reliefwand zulassen, und doch ist Alles aus einem Stücke geschnitzt.

Das Holz, aus dem diese kostbaren Schnitzereien gebildet sind, ist Eichenholz und hat eine überaus schöne kastanienbraune Farbe.

Der Schöpfer dieser Kunstwerke ist – unbekannt. Wir wissen nicht einmal, wann dieselben entstanden und für welchen Glücklichen sie gearbeitet sind; aber wir scheiden nicht ohne Neid gegen den jetzigen Besitzer, der zu diesem Schatze so unerwartet gekommen.

Eine Episode aus der Geschichte Danzigs

> Den Menschen laß ihr widerspänstig Wesen,
> Ein Jeder muß sich wehren wie er kann.
> Göthe, *Faust*.

Die Geschichte Danzigs umfaßt beinahe denselben Zeitraum wie die Geschichte Venedigs. Beide Städte treten nicht lange nach einander in der Geschichte auf und beide verlieren ihre Freiheit in demselben Dezennium (Danzig 1793, Venedig 1797). Beiden lächelt, nach einem Interregnum unter französischer Herrschaft, seit dem Jahre 1814 ein trügerisches Abendroth, das Viele für eine Morgendämmerung ansehn. Doch

> „Dem Einzelnen ist was er versäumt verloren,
> Der Menschheit auch was sie einmal verscherzt.
> Kein Augenblick wird zwei Mal ihr geboren,
> Wie herb' es auch die Weltgeschichte schmerzt.*

So weit giebt es eine Parallele. Im Uebrigen ist die Geschichte zweier Freistaaten kaum verschiedener zu denken, als die Venedigs und Danzigs. Das „Venedig des Nordens" ist historisch ein eben so falscher Vergleich, wie er es topographisch ist. Denn was die Geschichte Danzigs charakterisirt, die außerordentliche Beweglichkeit der Masse, der ganze Kampf zwischen Demokratie und Aristokratie, die Reformation, der Streit auf dem religiösen Gebiete, findet sich in der venetianischen Geschichte auch nicht einmal angedeutet vor. Vorzüglich ist es aber Eines, was die Geschichte beider Staaten so himmelweit verschieden macht. In Venedig herrscht von jeher die Aktivität, die Ausbreitung, die Initiative, die Offensive, die Kolonisation vor, und in Danzig die Passivität, die Beschränkung, das Verharren, die Defensive. Daher ist die ganze Geschichte Danzigs eigentlich nur eine Belagerungsgeschichte. Mag der Drang rein äußerlich als Waffengewalt auftreten, oder als Forderung geldgieriger Mächte, oder als Verschwörung, – der Mittelpunkt des ganzen politischen Denkens und Handelns für Danzig ist die Abwehr. Schon in der ältesten Zeit sind es die Polen, dann die Dänen, die Brandenburger und zuletzt der deutsche Orden, welche diesen Zwang ausüben. Unter der polnischen Oberhoheit handelt es sich stets um die Befriedigung der geldbedürftigen Könige. Dann kommt die Brandschatzung russischer Heere, die athembeklemmende Nähe preußischer Zollschranken und endlich die Plünderung napoleonischer Feldherren. Nirgends finden wir auf großartige Ziele gerichtete Impulse, nirgends eine bedeutende Aktion oder eine des Nennens werthe Offensive.

Aber dafür entwickelt die Danziger Bürgerschaft eine Energie im Ertragen, eine Aktion in der Abwehr, einen Heroismus in der Vertheidigung, die uns mit Bewunderung erfüllen, wie die Geschichte der ältern Schweizerkämpfe. Wie viele polnische Elemente Danzig auch in sich schließt, darin erinnert es ganz an die Geschichte Deutschlands, daß es zwar zu keiner angreifenden Stellung gelangen kann, selbst angegriffen aber wahrhaft bewundernswerthe Thaten ausführt.

Solcher glänzenden Episoden in der Geschichte Danzigs giebt es namentlich zwei. Die erste fällt in das Jahr 1577 und betrifft den Kampf mit Stephan Bathori.* Die zweite ist die Vertheidigung des flüchtigen Stanislaus Lesczynski im Jahre 1734.** Wir betrachten hier nur die erstere, indem wir Löschins Darstellung in seiner Geschichte Danzigs folgen.

Als nach dem Aussterben der Jagjellonen, die den polnischen Wahlthron stets ohne Widerspruch bestiegen hatten, und nach Heinrichs von Valois Entfernung aus Polen eine Neuwahl nöthig wurde, erklärten sich die Danziger, durch das Versprechen von Privilegien und Handelsfreiheiten gewonnen, für Maximilian II. von Oesterreich und blieben bei ihrer Weigerung, den von den Polen und preußischen Ständen zum König gewählten Stephan Bathori, Großherzog von Siebenbürgen, anzuerkennen, selbst als Maximilians Tod erfolgte. Nur wenn Stephan sämmtliche Privilegien Danzigs bestätigen und auf die Hälfte des Pfahlgeldes (einer von den eingehenden Schiffen zu entrichtenden Hafenabgabe) verzichten würde, sollte die Huldigung geleistet werden. Als der König sich auf seine bereits eidlich gemachten allgemeinen Zusagen berief und die Untersuchung der besondern Vorrechte Danzigs einem besondern Reichstage vorbehielt, diese Erklärung aber nicht genügte, auch eine Vorladung des Königs nach Marienburg schriftlich abgelehnt wurde, erfolgte die Achtserklärung. Truppen rückten in das Werder. Der Danziger Pöbel dagegen, welcher die Prälaten des Einverständnisses mit Stephan beschuldigte, erstürmte die katholischen Kirchen und Klöster. Hiemit war die Brücke zu einem Vergleiche abgebrochen. Unter den Augen des auf dem Bischofsberge gelagerten Königs verbrannte man die bei der Vertheidigung hinderlichen Vorstädte Schottland, Hoppenbruch, Petershagen, Stolzenberg, Bischofsberg und Neugarten; Söldner wurden geworben und die Vorpostenkämpfe eröffnet.

Stephan schlug dennoch noch einmal den Weg des Vergleiches ein. Allein da die Danziger Abgeordneten, anstatt seine Bedingungen anzunehmen, ihrerseits vierzig Beschwerden aufstellten und deren Abstellung verlangten, ließ der unwillige König die Gesandten in den Kerker werfen und erst später – unter der Verpflichtung zur Rückkehr – frei, indem er als Bedingung der Unterwerfung vier große Kanonen, das halbe

Pfahlgeld und 300,000 Gulden forderte, wogegen er die Danziger Privilegien anerkennen wollte. Der Rath mochte sich aber nur zur Zahlung von 200,000 Gulden innerhalb vier Jahren verstehen. Der König war endlich mit dieser Summe zufrieden und versprach seinen Anspruch auf das Pfahlgeld einem Reichstage zur Entscheidung zu überlassen, verlangte aber das Geld in 14 Monaten und die vier Kanonen wenigstens zum einstweiligen Gebrauche im bevorstehenden Kriege gegen Rußland.

Da man auch hierauf nicht einging, so lag es auf der Hand, daß man es zu einem Kampfe kommen lassen wollte. Und das ist der sonderbare noch sonst wiederkehrende Zug im Charakter der Danziger, daß sie den Kampf ohne allen – wenigstens nahe liegenden – Zweck aufnehmen und heroisch durchführen. Wohl haben sie sich oft „ohne großen Gegenstand geregt", aber stets „eines Strohhalms Breite" selbst verfochten, wenn Ehre auf dem Spiel. In dieser eigenthümlichen, den stärksten Gegensatz gegen das Krämerthum bildenden Ritterlichkeit liegt eigentlich der Schwerpunkt ihres Charakters.

Doch kehren wir zu unserm Gegenstande zurück.

Die Danziger, mit einem tüchtigen Führer, dem Obersten Hans Winkelbruch von Köln, welchen ihnen der Churfürst von Sachsen abgetreten, versehen, eröffneten den Kampf durch die Erstürmung des Klosters Oliva, um sich an dem Abte Jäschke, der zur Gefangennehmung ihrer Gesandten gerathen, zu rächen. Zwei Mönche wurden erschossen, zwei gefangen, die andern in die Flucht gejagt. Der Abteiwald stand den Bürgern zur Plünderung offen.

Das anrückende polnische Heer verwandelte mittlerweile das Werder in eine Wüste und verübte die rohesten Unmenschlichkeiten. Um ihnen zu steuern unternahm der Oberst von Köln einen Angriff auf die Liebschauischen Höhen, woselbst sich das Heer des Königs gelagert hatte; aber das zu späte Eintreffen der bewaffneten Schiffe veranlaßte eine empfindliche Niederlage; nur mit Mühe gelang der Rückzug über die unter der Last der Fliehenden und Verfolgenden zusammenbrechende über den See geschlagene Brükke.

Der König glaubte den kecken Muth der Danziger gebrochen; aber der Triumph war zu voreilig. Die Murrenden und Tumultuirenden beschwichtigte die Rede des Obersten von Köln; seine Mahnung zu Ruhe und Eintracht steigerte den Patriotismus der Bürgerschaft aufs Höchste; man beschloß einstimmig zu kämpfen und zu sterben. Man rüstete, schanzte, verbrannte die Schidlitz, damit der König sich nicht darin festsetze, und wies auch jetzt dessen erneute Friedensvorschläge zurück.

Da begann der Feind sein Bombardement vom Bischofsberge, aber ohne wesentlichen Erfolg. Die Geschütze trugen nicht weit genug, die Steinkugeln fielen matt vor dem Glokkenthore nieder. Zu gleicher Zeit wurde die Festung Weichselmünde, der gegenüber sich der Königliche Oberst Ernst Weyher (zwischen Weichsel und Sasper See) verschanzt hatte, bombardirt. Da machte der tapfere Oberst von Köln – während er den König durch verstellte Angriffe zu beschäftigen suchte, – einen Ausfall und vertrieb den Feind unwiderstehlich aus dessen Verschanzungen, wobei derselbe 500 Mann und 13 Kanonen verlor.

Der erbitterte König rief jetzt die Naturkräfte zum Beistande an; er versenkte bei Käsemark Steinkasten und Sandsäcke in das Flußbett der Weichsel; aber der Strom warf sie wieder hinaus. Schon vorher hatte er die neue Radaune abgedämmt. Die dadurch zum Stillstehen gebrachten Wassermühlen ersetzte man aber durch Stoßmühlen. Eine ungeheure Menge von Fischen gab Ersatz für das mangelnde

Fleisch; und als Stephan Behufs seiner Verstärkung abzog, erbeutete man aus dem Werder 40 Last Weizen und 170 Kühe und Schweine.

„Drei Wochen nach seinem Abzuge kam der König mit einem verstärkten Heere, das fast 20,000 Mann betrug, und mit neuem Wurfgeschütze zurück, um einen andern Plan zur Ueberwältigung der Stadt zu befolgen. Er bezog nämlich das von Weyher verlassene Lager, Weichselmünde gegenüber, und beschoß von dort aus die Festung so heftig, daß die Blockhäuser in Brand geriethen und die hochauflodernde Flamme nicht allein die Vertheidiger zum Weichen zwang, sondern auch mehreres Geschütz gänzlich verdarb. Als aber die nun dem Feinde bloßgestellte Citadelle, des stärksten Kugelregens ungeachtet, von den Danzigern durch neue Dämme und Pallisaden gedeckt wurde, ließ der König, dessen Truppen sich auf dem Bollwerke vor der Festung hinter schnell aufgeworfenen Verschanzungen behaupteten, einen stürmenden Angriff wagen. Vermittelst einer schnell eingerichteten Fähre wurden die Polen hinübergebracht, und nun ein Kampf begonnen, in dem die Danziger einen Enthusiasmus und Heldenmuth zeigten, der dem staunenden Könige Achtung und Bewunderung einflößte. Zwei Tage lang schlug man sich auf jenen Bollwerken herum, und beide Anführer der Belagerten, der treffliche Köln und der edle Georg von Schweidnitz, wurden tödtlich verwundet. Köln raffte sich zwar wieder auf, aber eine zweite Kugel nahm ihm das Leben.

Danziger sowohl als Polen behaupteten das Schlachtfeld, und Stephan ließ schnell eine Brücke schlagen, um andere Streiter auf den Kampfplatz zu führen. Aber die Belagerten verschanzten sich mit neuen Bollwerken und Wällen von Schutt und Ruinen und von der Stadt aus ließ man zuerst einige mit Brandmaterialien gefüllte Kähne, und als diese ihren Zweck nicht erreichten, ein anderes dazu eingerichtetes Fahrzeug, Boyert genannt, mit günstigem Winde gegen die Brücke lossegeln, die nun gewaltsam auseinanderriß, worauf dann der Feind, der seinen Rückweg zu verlieren fürchtete, von panischem Schrecken ergriffen, über die Trümmer davoneilte und sich zum Theil nur durch Schwimmen retten konnte."[51]

Der König, überwunden, zog sich nach dem Werder zurück und bezeichnete seinen Weg durch Abbrennung verschiedener Dörfer.

Die Danziger aber verstanden nicht bloß zu siegen, sie wußten ihren Sieg auch zu benutzen. Sie segelten schnell mit einer Flottille ins Haff, nahmen 60 Elbinger Fahrzeuge, brandschatzten Braunsberg und Frauenburg und drangen bis vor die Thore Elbings, gegen welches sich der ganze Haß der Großhändler richten mußte, da Bathori gleich beim Beginne des Krieges alle Danzig zugestandenen Handelsvortheile auf jene Stadt übertragen hatte. Man verbrannte nun die Blockhäuser, zündete, da ein Angriff auf die Stadt selbst mißlang, einen Theil der Speicher und Neustadt an und versenkte schließlich im Hafen eine Menge von Steinkasten und Sandsäcken.

Bald darauf kam zwischen den kämpfenden Parteien nun wirklich durch Vermittlung auswärtiger Mächte ein Vergleich zu Stande. Danzig erhielt alle Vorrechte zurück, seine gefangen gehaltenen Gesandten wurden entlassen, die Achtserklärung aufgehoben. Dagegen verstand es sich zur „Abbitte", zur Zahlung von 200,000 Gulden an den König und einer Entschädigungssumme an den Abt Jäschke.

So endete der ruhmvolle Kampf, aus dem als laut redende Zeugen noch jene Noth-Schillinge, -Groschen und -Thaler herrühren mit dem ergreifenden: *Defendo nos Christe Salvator!* (Schütz' uns Heiland Christus!)

Ausflüge

Dorthin wo Schönes, Gutes nur gefällt,
Zur Einsamkeit!
Göthe, *Faust*.

1. Nach Oliva

Man hat die Lage Danzigs vielfach mit der Venedigs verglichen. Mir scheint kein Vergleich unglücklicher. Er gehört ganz in die Kategorie derjenigen, wonach Köln neben Rom, Salzburg neben Neapel, Prag neben Lissabon genannt wird. Danzig hat wie jede den naturgemäßen Krystallisationspunkt einer Gegend bezeichnende Stadt eine ganz eigenthümliche Physiognomie, womit sich die einer andern Stadt gar nicht vergleichen läßt; gerade wie ein bedeutender Mensch nur er selber und nichts weiter ist. Nur die Umgegend von Danzig könnte – wenn es doch nun einmal geschehn soll – einen Vergleich mit dem Meerbusen von Neapel zulassen. Denn wie von Neapel aus ein Amphitheater von Bergen sich bis Sorrent und weiter bis Capri hinzieht, deren Fuß das Meer bespült und ein ununterbrochenes Nebeneinander von Städten und Villen einnimmt, so dehnen sich gerade vom Hagelsberge aus die lieblichen Höhen des Johannisberges, des Strießthales und die dem Karlsberge bei Oliva folgenden Hügel bis Adlershorst hin, um steil ins Meer abzufallen. Nur freilich geht das Meer nicht bis an den Fuß dieses Amphitheaters, sondern ist von ihm durch eine weite zum Theil sandige Ebene geschieden, welche östlich von der Weichsel durchschnitten wird, und sich einerseits in die fruchtbaren Marschen der Niederung, andererseits in die Dünenreihen der Nehrung verliert. Es ist dieses in malerischer Hinsicht unendlich zu bedauern. Das Meer macht den Eindruck einer um so grandiosern Erhabenheit, je weiter die Fläche ist, welche wir übersehen. Daher ist von Gebirgen der Blick auf das Meer so überwältigend. Liegt zwischen der Höhe, auf der wir uns befinden, und dem Meere noch eine Ebene, die das erstere zurückdrängt, so wird der Eindruck der Erhabenheit unendlich geschwächt.

Trotzdem ist dieses Ensemble von Berg, Ebene und Meer von einer bezaubernden Schönheit, wie in Norddeutschland sie kein zweiter Punkt aufzuweisen vermag.

Wir verlassen die innere Stadt wiederum durch das Hohe Thor und gehen längs den heitern Promenaden, über die rauschende Radaune, am Fuße des Hagelsberges hin, in dessen Richtung sich ein trockener Festungsgraben wie ein liebliches Wiesenthal öffnet, – so hat die Natur die Vernichtungswerke mit ihrer Schönheit gemildert. Am sogenannten Irrgarten erstaunen wir, den Namen Napoleons nennen zu hören, dem zu Ehren diese schattigen Gänge angelegt wurden, in der Zeit als Danzig unter dem Namen einer freien Stadt „einen Waffenplatz für die französische Armee“ bildete. Wir begegnen den Werken dieses ungeheuern Genies überall, wohin dasselbe einst schöpferisch gedrungen. Rom, Madrid und Danzig wissen von ihm zu erzählen, und wir gedenken in diesem „Irrgarten“ auch jener öffentlichen Gärten zu Venedig, welche dieser Mann in den Lagunen schütten ließ. Auch der Hagelsberg verdankt ihm seine heutige Gestalt, und bei Neufahrwasser hören wir verwundert, daß er den Sasper See in einen Kriegshafen umschaffen wollte.

Bei dem Irrgarten stehn die berühmten, den Berliner Thorwagen gleichenden „Taradays“, deren wunderlichen Namen kein Etymologe zu enträthseln vermag. Das Volk hat von ihm sogar das Verbum „taradayen“ abgeleitet, womit es ein schweres, ermüdendes Arbeiten bezeichnet. „Ich habe die ganze Woche getaradayt, nun muß ich dafür auch eine „Bairische“ im Jäschkenthale trinken“, – sagte einer meiner heitern Reisegenossen. Längs der imposanten, aus zwei Doppelreihen bestehenden Lindenallee, die bis zur Vorstadt Langfuhr, dem „Westend“ Danzigs, führt, war das ein lautes Rufen und Fragen. Nach dem ersten Woher und Wohin ging es an ein Erzählen von „der Maschine, die diese Woche gereinigt würde, weshalb es nun auch Feiertage gebe; dem letzten Krawall wegen der Gesellenkassen; dem betreffenden Kassirer, dem die Bürger einer Nachbarschaft den Garaus machen würden; von den „Bairischen“, wo die kühlsten und die besten anzutreffen; von den russischen Kriegsschiffen und der russischen Kaiserin; dem Kaufmann Soundso, der den Arbeitern was zukommen lasse“ u.s.w.

In Langfuhr fragte ich, wer der Besitzer des und des prächtigen Hauses sei; es hieß: Der und der, aber – und nun wurden die Gesichter ein wenig ernst. Bei einer andern Villa dieselbe Frage und dasselbe Aber. Da drang ich in meinen Nachbar, der die ganze Woche „getaradayt“ hatte, und erfuhr nun von jener „Tragik des Reichthums“, die uns Hieronymus Lorm in den Unterhaltungen am häuslichen Heerd bereits vorgeführt hat, von jenen Selbstmorden, welche reiche Kaufleute, – die Gefahr des Verhungerns abzuwenden, – an sich verübt haben, und jenem jungen Manne, dem ein reicher Besitz die Empfindung innerer Leere und Hohlheit nicht zu ersetzen vermochte. Meine Gefährten hatten den einen und den andern noch gekannt und sie begriffen den psychologischen Grund einer solchen That nicht.

„Sehn Sie, Herr, als der N. seine Fabrik bauen ließ, da kam er oft auf den Bauplatz; und wenn er die Gebäude ansah und Sonnabends die Handwerker auszahlte, da sagte er, ich habe es selbst gehört: Tiburtius, ich werde doch noch verhungern; dieser Bau wird mich arm machen! Ich überlebe es nicht!"

Und dabei stöhnte mein Gefährte ganz kläglich und tief, um zu zeigen, wie Jenem diese Reden aus dem Innern gekommen wären.

„Ja", fiel ein Anderer ein, – „und noch dazu im Graben, wo das Wasser nur bis an die Brust reicht und Alles voll Moder ist!"

Ich wandte mich schaudernd ab; glücklicherweise hielten wir im Jäschkenthale.

Hinauf zu diesen sonnenbeschienenen Waldhöhen! Ich sog in vollen Zügen den salzigen Luftstrom ein, welcher von der See her kam. Ein rauschender Buchenwald nahm mich auf, von einzelnen Fichtengruppen unterbrochen. Lenz-, Kronprinzen-, Königshöhe! Wie diese Namen schon Hohes bedeuten, so gewähren sie eine reizvolle Aussicht über die See, das Hügelland landeinwärts und die Thürme Danzigs. Oestlich erstreckt sich ein Thal von Langfuhr bis an den Fuß der Königshöhe. Darin befindet sich das Gut Heiligenbrunn und das Gartenhaus Königsthal, in welchem 1677 und 1717 die Könige Johann Sobieski und August II.* ihre Villeggiatur hielten. Weiter nach der Königshöhe zu liegt, ärmlich wie überall, von Disteln und Nesseln überwachsen – der jüdische Kirchhof mit seinen monotonen „schlafestrunkenen" Grabsteinen, eine „Palme neben dem einsamen Fichtenbaume im Norden."

Das Jäschkenthal selbst liegt zwischen dem Johannisberge und der gegenüber befindlichen westlichen Waldhöhe. Hübsche Gasthäuser mit großen Konzertsälen, ein reger Besuch der Danziger geben diesem stillen Thale einen eigenen Reiz. Hohe Wogen schlägt aber die Lust am Johannisabende, dem größten Volksfeste, das vielleicht in ganz Norddeutschland gefeiert wird. In der Thalebene, die sich mit dem östlichen

Abhange, leise aufsteigend, verbindet, bewegen sich auf der Rasenfläche die Menschenmassen, die aus Danzigern und Fremden von Nah und Fern gebildet werden. Schlägt man doch die Zahl der Köpfe mitunter auf zwanzig Tausend an! Mehrere Orchester unterstützen den allgemeinen Lärm, während den Mittelpunkt des Gedränges eine mit verschiedenen Kostbarkeiten behängte Kletterstange bildet. Dennoch liegt in diesen Massen nicht die wahre, unwiderstehlich fortreißende Taumelfreude südlicher Völker. Der Fremde geht kalt, theilnamslos durch diese Tausende, derselbe, der bei den römischen Oktoberfesten mitgejauchzt hat. Zuletzt verliert er sich in den Waldhöhen, wohin nur von Zeit zu Zeit ein verlorner Ruf, ein Trompetenton zu ihm herüberhallt.

Hinter Langfuhr durchschneidet der Weg nach Oliva die Ebene, welche sich zwischen den Höhen und der See hindehnt. Mir war es schon auf dem Johannisberge von großem Interesse, die geologische Natur dieser Ebene und Höhen zu erkennen. Als das Meer noch ganz Norddeutschland bedeckte, bildeten die landeinwärts sich erstreckenden Hügel offenbar einen Theil des Meeresbodens. Man erkennt das an ihrer Formation, ihrer Lagerung neben einander, die frappant an ein erstarrtes bewegtes Meer erinnert. Doch giebt es in diesen Hügeln keine Längenbildungen, die etwa den Wellen entsprechen, sondern nur einzelne neben einander befindliche Kuppen. Als Norddeutschland sich aus dem Meere erhob, vielleicht in Folge derselben Kraft, welche sich noch gegenwärtig an den Küsten Schwedens offenbart, floß das Meer bis zu diesem Hügelsaume zurück. Die Wellen brandeten nun gegen die Höhe und schwemmten Theile von ihnen fort. Hiedurch, so wie aus dem, mit der Weichsel – nach vollendeter Bildung der Werder – bis ins Meer geführten und dort zu Boden gesunkenen, Gerölle entstand eine Anschwemmung, eine Art von Dünenbildung, wie man sie noch in neuester Zeit an dem Nordstrande gleich westlich von Zoppot beobachten kann. Die Wellen spülten den Sand an das Ufer, das sich mit einer Pflanzendecke schützend versah, und bewirkten dadurch ein immer weiteres Zurücktreten des Seestrandes. So bildete sich allmählig die ganze weite Ebene, welche den Raum zwischen den Höhen und der See einnimmt. Ihr sandiger Charakter, der an den der Nehrung erinnert (wie denn diese Ebene nur die Fortsetzung der Danziger Nehrung scheint), die schwache Pflanzendecke, die ganze Formation und vor Allem ihre noch immer stattfindende Weiterbildung lassen kein Bedenken dagegen aufkommen, daß sie aus dem Meere allmählig entstanden. Die Werder verdanken ihre Entstehung denselben Ursachen. Ihre Fruchtbarkeit, welche mit dieser Ebene einen so auffallenden Gegensatz bildet, ist das Resultat der – hier nicht stattfindenden – Weichsel-Ueberschwemmungen, wodurch sich eine Humusschicht bilden konnte. Geht die Weiterbildung wie bisher fort, so wird in einer gewissen Zeit (zu der aber Jahrtausende nicht hinreichen dürften) der ganze Meerbusen von Danzig bis Hela hin eine solche Landfläche werden.

In landschaftlicher Hinsicht ist der Weg, welcher von Langfuhr über Legstrieß – immer am Fuße der amphitheatralischen Höhe – über Pelonken (das on wird wie in Mohn gesprochen) führt, der bei weitem interessantere. Die größere Erhöhung des Bodens gewährt freundliche Blicke bis zur See, während zur Linken Gärten und Villen, denen sämmtlich etwas Düsteres, Aristokratisch-Zurückgezogenes anklebt, sich hinziehen. Mauern und schwerfällige Thorflügel wehren dem Eintritt. Durch das Gitter eines Thores sah ich, wie ein Flüßchen, zu hübschen Kaskaden benutzt, aus einer Röhre in schöner Lilienform hervorsprang. Solche Fontainen erinnern doch ganz von selbst an das graziöse Aufsteigen gothischer Gewölbe.

In einem andern Garten sah ich eine Säule mit korinthischem Kapitäl, keine Last tragend, sich selbst einziger Zweck, und erschrak förmlich über eine solche Widersinnigkeit.

2. Von Oliva bis Adlershorst

Wo die Natur das Füllhorn ihrer Schönheit über eine ganze Gegend ausgeschüttet hat, da scheint sie doch an einer Stelle, wie sich selbst betrachtend, länger verweilt zu haben. Es sind jene Plätze, die, mit allem Reiz der Fülle und Schönheit geschmückt, uns ein freudiges Erstaunen abzwingen, wie vorbereitet wir auch auf das Bedeutendste waren; zu denen wir immer und immer wieder zurückkehren; jene Stellen, von denen wir sagen: „Da möchte ich wohnen!" – Sie muthen uns an, wie ein fremdes Menschenantlitz, das wir doch schon – und wär's im Traum – gesehn haben wollen, wie eine Menschenbrust, an der wir ruhen möchten.

Eine solche Stelle ist Oliva.*

Wohl wachsen hier nicht die grauen Oliven; aber die sonnigen Bergeshänge, die mit Buchen bewaldeten Höhen, die Wiesenebene des gewerkthätigen Schwabenthales, der sorgfältig gepflegte Schloßgarten, das historisch interessante Kloster bieten ein unübertroffenes Ensemble, ein Bild im Charakter des Thüringer oder Odenwaldes, im nordischen Rahmen des Meeres. Man sollte glauben, der Rokokostyl des Schlosses und des Gartens stände in einem unausgeglichenen Gegensatz zu dieser halb unberührten, halb dem Menschen pflichtig gewordenen Natur; so ist es aber nicht. Diese Kunstschöpfung steht durchaus harmonisch in ihrer Umgebung. Schon der Mangel jeder absoluten Abgeschlossenheit läßt das zopfige Moment gar nicht aufkommen. Von allen Seiten blikken die bewaldeten, blauschattigen Bergeshänge in die nicht bloß künstlichen, sondern wahrhaft kunstschönen Gänge; selbst die See in ihrer Grandiosität ist für den Total-Eindruck dienstbar gemacht, mit einem Geschick, einem tiefsten Verständniß, wie es kaum sonst irgendwo vorkommt. Man vergegenwärtige sich folgende Perspektive. Wir stehen zwischen zwei vierzig Fuß hohen geschorenen Lindenhecken, denen wegen ihrer ungewöhnlichen Kolossalität alles Kleinliche abgeht. Am Ende dieser Hecken laufen in derselben Linie zwei niedrigere, zwischen denen sich in ganzer Breite und Länge ein Wasserbassin befindet. Da, wo diese zweite Heckenreihe aufhört, ist ein niedriger Rasenwall angelegt, hinter dem ein Fichtenwald und die ferne tiefblaue Fläche des Meeres erscheinen. Die Pointe dieser wundervollen Schöpfung ist die, daß der Wasserspiegel mit dem Meere durch den Fichtenwald in unmittelbarer Verbindung zu stehn scheint; daß in dem Bassin ein ganz bleiches Silberlicht reflektirt wird, während das Meer in den kräftigsten Farbentönen strahlt. Wir blicken wie durch ein „ausgezogenes Perspektiv."

Durch den Garten strömt ein munterer Bach, der schon oberhalb vielfache Mühlenwerke getrieben hat, in hübschen Kaskaden. Sonst pflegt es bei Flüssen umgekehrt zu sein; ihre Kaskaden liegen meist oberhalb ihrer Benutzung; der schöne Vergleich zwischen dem Laufe eines Baches und dem Leben eines Menschen hinkt hier ein wenig.

Auch giebt es hier zwei mit der Oeffnung einander gegenüber liegende Grotten, ein akustischer Scherz, der darin besteht, daß man in der einen Grotte jedes in der andern noch so leise gesprochene Wort verstehen kann.

In dieser lebensheitern Natur übergehen wir auch gern die „Sehenswürdigkeiten" des alten Klosters. Der Geschichtsfreund weiß, daß durch den hier im Jahre 1660 geschlossenen

Frieden die Souverainität Preußens „eine Thatsache" wurde, ein Resultat des geschickten Manövrirens des großen Churfürsten zwischen den feindlichen Mächten Polen und Schweden. Dieser Hinweis mag genügen.* Wir verlassen den Garten und steigen auf der neuen, selbst für Wagen benutzbaren Straße durch den Wildpark den Karlsberg hinan.

Was Oliva in dem Danziger Amphitheater, das ist der Karlsberg in Oliva. Die schönen Anlagen rühren von dem Grafen Johann Karl von Hohenzollern her, der dem Berge auch seinen Namen gegeben hat.** Früher hieß derselbe der Pacholkenberg, was von dem altpreußischen Gotte Pikollos herkommen mag, der mit Perkunos und Potrimpos als Personifikation von Naturkräften verehrt wurde. Man spreche diese drei Namen einmal laut aus, um den Philologen zu glauben, die das Altpreußische so wie das noch heute im Munde des Volkes lebende Litthauische für eine Abart der Sprache Homers halten.

Das Eigenthümliche der Aussicht vom Karlsberge besteht, verglichen mit der vom Johannisberge, nicht bloß in der größern Nähe des Meeres, der Schönheit des Vordergrundes (Oliva), sondern ganz besonders darin, daß das südwärts, also landeinwärts gelegene Schwaben- oder Freudenthal mit seiner reizvollen, idyllischen Physiognomie hereinblickt. Das Meer giebt im Norden jeder Landschaft ganz von selbst den Charakter des Heroischen (wenn auch nicht in dem technischen Sinne). Deshalb ist auch die ganze Gegend von Danzig bis Adlershorst so vollständig nordisch und jeder idyllischen Poesie, die in südlichen Ländern gerade das Meeresgestade sucht, feindlich. Der Gebildete vermag allerdings durch Abstraktion und in Folge des kontrastirenden Stadtlebens seine Badeexistenz in Zoppot, Neukuhren oder Kranz als eine Idylle (Bildchen) darzustellen, für welches den Rahmen ganz von selbst sein sonstiges Berufsleben abgiebt; aber diese Fischer, diese Küstenbewohner in ihrer prosaischen, trocknen, erwerbssüchtigen, branntweinduftigen Nüchternheit – ein nothwendiges Resultat der sie umgebenden Natur und ihrer Beschäftigung – sind für eine Idylle der undenkbarste Gegenstand. Sie könnten den Inhalt einer solchen nur in dem theokritischen Sinne bilden, wie es der ungeschlachte Polyphem thut.

Aber selbst das Schwabenthal muß von seinem echt idyllischen, fast süddeutschen Charakter viel der Industrie opfern. Denn stufenweise hinter einander liegen an dem durch den Garten von Oliva strömenden Flüßchen, das zu Teichen angestaut wird, eine Reihe von Eisenhämmern und Pulvermühlen. So wird gerade in diesem friedlichen Thale das Material zu Tod und Vernichtung bereitet.

Die Straße schwingt sich von Zoppot nach Adlershorst zu in den schönsten Linien bergauf und thalein. Die See blickt fortwährend durch die Thalöffnungen und klare Flüßchen – muntre Gebirgswässerlein – strömen unter der Straße rauschend fort.

Ich traf auf dem Wege einen jungen Landwirth, der von seinem Bruder aus Chile eben einen Brief erhalten hatte, mit der Aufforderung, ihm bald dorthin nachzufolgen. Der junge Mann war voller Lebensfreudigkeit und Entwürfe; er hatte sich eine englische Grammatik aus Danzig geholt und wollte den andern Tag gleich mit der Erlernung dieser Sprache beginnen. Wie echt deutsch und rührend ist dieser Zug!

Adlershorst zeichnet sich vor allen Danziger Höhepunkten dadurch aus, daß es unmittelbar vom Meeresufer in die Höhe ragt. Auf diese Weise kann der Blick über die weiteste Meeresfläche schweifen; die Dünen von Hela, der dortige Leuchtthurm zeichnen sich scharf gegen die Bläue der See und des Himmels ab, und selbst die Höhen hinter Elbing, welche Kahlberg gegenüber auf der Südseite des Haffes liegen, treten nebelduftig hervor. Ich wollte Anfangs nicht glauben, daß es diese Ferne sei, was ich erblickte, bis mir der scharfe Strich der Nehrung davor alle Zweifel benahm.

Hier möchte ich gern einen Jeden, der die See zum ersten Male schauen soll, zuvörderst hinführen; es ist ein Eindruck von erhabener Größe. Der Blick schweift trunken über die weite Meeresfläche; rechts aber dehnt sich – jetzt umgekehrt wie vom Danziger Marienthurme aus gesehen – das Amphitheater der Höhen hin, als dessen vollendeter harmonischer Schlußpunkt Danzig selber erscheint.

Wer, wie ich, nach Adlershorst auf der Chaussee gegangen ist, der gehe nach Zoppot zurück längs dem Meeresgestade. Das reizende Spiel der Wellen, denen man ausweichen muß und doch sich immer wieder nähern, weil der Seesand in der Brandung fester liegt; das neckische Spiel mit den Tangbläschen, die das ungeübte Auge für Bernsteinstückchen ansieht; das frisch salzige der Seeluft; das halb monotone und doch beredte Rauschen der Wellen üben einen Zauber aus, dem man sich nicht zu entziehen vermag. Sechs kleine Flüßchen strömen aus dem Lande theils als kleine Bächlein, theils erst aus dem steilen Ufer als Quellensprinde hervor und hemmen den Pfad; denn an ihrem Ausflusse in die See bilden sich sonderbare Erscheinungen, die mir an jenem Morgen viel zu denken gaben und von denen ich lieber in einem der nächsten Abschnitte reden will.

Die Weichselmündungen

Das Ufer ist dem Meer versöhnt;
Vom Ufer nimmt zu rascher Bahn
Das Meer die Schiffe willig an.
Göthe, *Faust*.

Unsere Freunde, die Süddeutschen, besitzen unstreitig viele Vorzüge vor uns norddeutschen Küstenbewohnern; aber um Eines müssen sie uns ohne Widerspruch beneiden, das ist unser „Weltblick". Mögen unsere Knabenfüße die Ketten und das Tauwerk übersprungen haben, welches bei dem Bohlwerk des Pregels die Schiffe an den Uferpfählen befestigt, oder längs der Langen Brücke zu Danzig gegangen sein, von frühester Jugend auf haben wir diesen Seeungeheuern, diesen Leviathanen nicht staunend, sondern wie sich ganz von selbst verstehenden Dingen gegenüber gestanden. Die Laute fremder Sprachen sind in unser Ohr gedrungen, als wir kaum noch unsere Muttersprache verstanden; wunderliche Muscheln, brasilianische Federblumen, Kokosnüsse bildeten unser Spielzeug. Ein neugieriger Blick in das Naturalienkabinet eines Schiffskapitains mit einem prächtigen Tiger, den er selber in Südamerika geschossen, sonderbare „Mähren" von fremden Ländern versetzen uns schon frühe in eine phantastische Welt, in der die Robinsongestalten recht eigentlich zu Hause sind.

Später geht ein Bruder von uns zur See; wir singen das ewig schöne „Auf Matrosen, die Anker gelichtet!" oder „Das Schiff streicht durch die Wellen – (Fridolin)!" Es kommt ein Brief aus Hull, aus Bordeaux, aus Boston. Wie der begierig verschlungen wird! – Also einen Sturm an der norwegischen Küste hat es gegeben? – Das Schiff wird in Havre ausgebessert? – „Was wird er uns mitbringen?“ fragen die Kinder. Kommt er aber nach Hause, da hat er wirklich Jedem etwas mitgebracht und wär' es nur ein Töpfchen von englischem Steingut mit einem rührenden Matrosenabschied, *„the seamans farewell“*, mit dem melancholischen:

Remember me,
If that you see!

Oft kommt auch wohl ein schwarzgesiegelter Brief von dem überseeischen Konsul. Oft bleibt alle und jede Nachricht aus. Die Zurückgebliebenen errichten in ihrem Herzen dem Abgeschiedenen ein Denkmal und wissen nicht, daß an einem schönen Frühlingsmorgen „der Vetter aus Kalifornien“ sie mit einem ungeahnten Reichthume überschütten wird.

Diese Vorstellungen wurden mir auf der Langen Brücke zu Danzig wieder einmal recht lebhaft. In bunten, sich an einander reihenden Läden und Buden werden alle die schönen Dinge verkauft, die der Seemann für sein eigenes Bedürfniß braucht und manche „zum Mitbringen“. Nicht wenige Thüren sind den Eß- und Trinkbegierigen geöffnet. *Wellington tavern, Nelson tavern*, Skandinavisches Haus steht über einigen. *To reading the times* besagt eine andere Inschrift. Ein Barbier empfiehlt seine *razors and combs.*

Wir besteigen ein Dampfboot, das an den Sommernachmittagen stündlich nach Neufahrwasser fährt. Rechts bleibt die Speicherinsel mit ihren gewaltigen Massen, links lassen wir das Krahnthor, ein wunderliches Uebereinander von Stockwerken, zum Aufwinden von Waaren bestimmt; die Fischbrücke; den Theil des Ufers, welcher „am rauschenden Wasser“ heißt, und das ganze Gewimmel von Fahrzeugen, welche dem Weichselverkehr dienen. Auf einigen lesen wir wie auf dem Rande unserer Münzen: „Gott mit uns“. Auf andern ist ein Täfelchen befestigt, mit den Worten: „Wills Gott nach – Elbing – Königsberg – Thorn". Der Schiffer ist so ganz und gar auf ein Gottvertrauen angewiesen, daß er selbst im mündlichen Gespräche sehr oft ein „Wills Gott" einschiebt. Und ist es so nicht auch am besten?

„Wo die letzten Häuser stehen", beginnt die Schiffswerfte. So ein im Bau begriffenes, halb fertiges Schiffsgeripppe erinnert frappant an das Skelett eines Walfisches. Was für ein prächtiger Anblick ist es aber, wenn, nach der Vollendung des Rumpfes, die Taue gekappt werden und das Schiff auf der geölten Unterlage hinab in das Wasser schießt! Als wollte es „sich in den Grund bohren", senkt sich sein Vordertheil, aber nur, um bald um so stolzer unter dem Hurrahrufen der Menschenmassen ringsum und auf dem Schiffe sich zu erheben und ruhig sich im wellenerregten Strome zu wiegen. So sehen wir auch manchem jungen Manne mit Angst zu, der nach Lösung aller Bande auf der glatten Bahn der Freude einer Gefahr entgegenschießt. Wird er ihr entgehen, sich geläutert aus der Krisis erheben? – Und während wir noch fragen, wiegt er sich schon in stolzer Manneskraft auf dem Strome des Lebens.

Eine Viertelstunde von der Stadt mündet die Mottlau in die Weichsel. Es ist eine naturgemäße Erscheinung, daß Städte die großen Ströme, aber nicht ihre unmittelbare Nähe suchen. Denn große Ströme bieten meist ein unsicheres Ufer dar. Dagegen vereinigt ein schiffbarer Nebenfluß eines größern die Vortheile von dessen Nähe mit seiner eigenen Sicherheit. So ist es bei Wien der Fall, so hier. Gegenwärtig freilich, da seit dem Durchbruche bei Neufähr und der Coupirung des Danziger Weichselarmes eine Strömung bis Neufahrwasser aufgehört hat, fährt man mit dem ruhigsten Wasser, wie auf einem See.

Am Ufer links wird die „Gefion" – glorreichsten und schmählichsten Andenkens zugleich – ausgebessert.* Vorüber! – Zahllose Flöße bedecken in einer weiten unglaublichen Ausdehnung die Wasserfläche. Das Holz kommt vorzugsweise aus Polen, wird hier zum Theil in kleinere Stücke zerschnitten, in die Schiffsräume eingeladen und größtentheils nach England ausgeführt.[52]

Wir halten rechts an der Festung Weichselmünde und setzen unser Badekontingent aus. An einem der vergitterten Fenster erscheint ein blasses Gesicht; vielleicht einer der dortigen politischen Gefangenen. Vorüber! Vorüber!

Nun halten wir links an der Ladebrücke von Neufahrwasser. Hier geht links die Fahrstraße (Westerfahrt) in die See, seitdem der eigentliche Ausfluß der Weichsel (die Norderfahrt) total abgedämmt worden. Auch hier steigen wir noch nicht aus. Ein paar Hundert Schritte weiter und wir halten an der Westerplatte, der von der See einer- und der Wester- und Norderfahrt andererseits gebildeten Insel, mit hübschen Baumpflanzungen, einem viel besuchten Bade und nördlich von einer interessanten Dünenreihe eingeschlossen.

Nirgends brechen sich die Wellen stärker als auf diesem versandeten Ufergrunde, diesem Ablagerungsplatze des Flußgerölles. Selbst wenn sonst die See als eine tiefblaue Fläche daliegt, entstehen und verschwinden die weißen Wellenhäupter an dieser Küste bis tief in die See hinein. Dieses nebst dem Umstande, daß seit der Weichselabdämmung die Mischung des See- und Flußwassers aufgehört hat, ist auch der Grund, weshalb die Bäder auf der Westerplatte immer mehr in Aufnahme kommen und das landschaftlich unendlich schönere Zoppot in den Hintergrund drängen.

Bevor wir jedoch über die Natur dieser Küste uns klar zu werden suchen, gehen wir noch zu der großen Mole, welche sich von der Westerplatte in nordwestlicher Richtung in die See erstreckt und unser Erstaunen erregt. Es ist ja nicht die reine Natur oder das bloße Menschenwerk, was unsere höchste Bewunderung beansprucht; erst das Verhältniß des Menschen zur Natur, der Zwang, welchen er ihr gegenüber ausübt, die Fesseln, die er ihr anlegt, so wie das Abwerfen dieser Fesseln nehmen unser ganzes Interesse in Anspruch.

Was uns bei Hafenbauten so auffällt, das ist das scheinbar geringe Resultat, verglichen mit den Tausenden, die man „ins Wasser geworfen" hat. Ein Bauwerk auf dem Lande stellt sich uns, wenn wir von den Fundamenten und Gewölben abstrahiren, seiner ganzen Größe nach dar. Selbst ein Brückenbau läßt sich noch mit dem rein sinnlichen Auge erkennen. Anders aber bei reinen Wasserbauten. Ich erinnere daran, daß es von einem Palaste in Venedig, wenn der mächtige Cedern-Pfahlrost eingerammt war, hieß, er sei fertig. Der sinnlich wahrnehmbare Theil über dem Wasser bedeutete also nichts als eine beliebige Zugabe, ein Pertinenzstückchen.

Noch viel frappanter tritt dieser Grundsatz bei Hafenbauten auf.

Es giebt nur wenige so glücklich eingerichtete Seebuchten, die ohne alles Menschenwerk einen weiten, sichern und ruhigen Ankerplatz für Schiffe darbieten, die keinen Wechsel des Seegrundes bei gehöriger Tiefe erfahren und zugleich die Sicherheit der ankernden Schiffe durch keinen Sturm gefährden lassen. Es gehört ferner zu dem Ideale eines Hafens, daß die Einfahrt weit und sicher sei.

Solcher natürlicher Häfen giebt es in Europa vielleicht nur fünf: Kiel, La Spezzia, Lissabon, Syrakus und Konstantinopel. Dagegen ist die Zahl der schlechten und gefährlichen Häfen nicht bloß weit überwiegend, es ist wunderbar, daß unsere größesten Handelsstädte die schlechtesten Häfen haben.

Die Einfahrt in die Hamburger Elbe ist berüchtigt; gefährlich unter Umständen die in die Themse, Petersburg steckt bis zum Mai im Eise; die Bora versenkt die ankernden Schiffe mitten im Triestiner Hafen; unterirdische Felsen machen den

Hafen von New-York unsicher. Wo die Natur nicht die volle Sicherheit gewährt, kommt der Mensch mit seinen Bauten zu Hülfe, wie in Genua, Marseille, Venedig und Kopenhagen; wenn aber die Natur gar nichts zum Schutze der Schifffahrt gethan hat, vielmehr das schwache Menschenwerk, die „Nußschale", mit einer fortwährenden Vernichtung bedroht, da bleibt dem Menschen Alles zu thun übrig.

Buchten des Meeres sind die natürlichsten Häfen; wo sie fehlen, ersetzen Flüsse dieselben ganz von selbst; aber nur solche Flüsse, welche bei entsprechender Tiefe wenig Gefälle haben und wenig Sinkstoffe mit sich führen. Wo Letzteres der Fall, da bildet der Fluß mehr ein Hinderniß als eine Begünstigung der Schifffahrt. Denn der schnell, seicht und unrein strömende Fluß läßt zwar allenfalls eine Schifffahrt während seines Laufes zu, bietet aber große Schwierigkeiten an seiner Mündung dar, wo er die Sinkstoffe fallen läßt und das Fahrwasser versandet.[53] Dennoch fordert aber die Flußader als Handelsstraße nothwendig einen Handelsplatz gerade an der Mündung oder doch kurz vor derselben. Wie ist aus diesem Dilemma herauszukommen? In vielen Fällen nur in der Art, daß der Handelsplatz in der Nähe der Flußmündung, an der Küste, wo ein schädlicher Einfluß sich nicht mehr geltend machen kann, errichtet und mit dem Strome selbst durch einen Kanal in Verbindung gesetzt wird. So bildet Alexandrien unzweifelhaft eine Hafenstadt für den Nilhandel, aber es liegt eine weite Strecke westlich von den Flußmündungen und ist mit dem Nil nur durch den sichern Mahmudkanal verbunden. Der Rhonefluß hat ein höchst unsicheres Delta. Die im Mittelalter in demselben gegründete Stadt Aigues mortes ist nichts als eine interessante Mumie, von der uns Moritz Hartmann erzählt, aber Marseille und Cette gedeihen und beide stehn mit der Rhone durch die Kanäle in Verbindung. In dieselbe Kategorie gehört Venedig dem Po, Livorno dem Arno gegenüber.

Wo aber ein solches Verhältniß nicht stattfindet, wo die ganze Küste in weiter Entfernung versandet wird, da muß die Mündung des Stromes selbst, so gut es gehn will, dem Verkehr dienstbar gemacht werden. Dieses geschieht allerdings nur durch verschiedene, mit großen Kosten herzustellende Bauten, welche theils das Flußbette selbst – oft weit stromaufwärts – theils die Hafenanlagen betreffen. Die erstern – die sogenannten Regulirungen – sind einfacher Art; sie bestehen vorzugsweise in einer „Korrektion" des Flußlaufes, einer Eindämmung, Fortschaffung von Hindernissen, Ausbaggerung[54] u.s.w. Die Anlegung eines Hafens ist komplizirter, schon deshalb, weil die Flußmündung die eigentlichen Schwierigkeiten darbietet. An Stellen, wo gar kein Fluß existirt – ich erinnere an Civita vecchia, den Hafen von Rom – baut man in Form eines Hufeisens einen Steindamm in das Meer, der sich an einer Stelle für die einfahrenden Schiffe öffnet. Bei Flußmündungen genügt es, den Strom kurz vor seinem Eintritte in das Meer zu vertiefen und zu verbreiten, um einen Hafen zu erlangen oder ein besonders seitwärts zu grabendes Bassin mit dem Strome in Verbindung zu setzen. An der eigentlichen Mündung aber, wo die mitgeführten Sinkstoffe durch Niederfallen und den Andrang der Meereswellen sich ansammeln, aufhäufen, Sandbänke bilden, kann einer vollständigen Versandung nur dadurch abgeholfen werden, daß man die Ufer des Stromes – im ideellen Sinne – verlängert. Man führt an beiden Seiten Dämme auf, welche erst in einer entsprechenden, die gehörige Tiefe darbietenden Entfernung vom Ufer endigen. Dadurch kann allerdings das Niederfallen des Flußsandes und die Bildung von Sandbänken nicht vermieden werden, – weshalb es einer stets erneuten Baggerung an dieser Stelle bedarf, – aber das ist gewonnen, daß der am Seeufer sich lagernde Sand, welcher in seiner Beweglichkeit jedem Wellenandrange nachgiebt, nicht in seitlicher Bewegung längs dem Ufer bis zur Flußmündung gelangt. Durch die Dämme wird er gezwungen, sich an diesen selber zu lagern. Ist nun dieser seitliche Andrang von beiden Seiten gleich stark, so müssen diese Dämme von gleicher Bedeutung sein. Findet er aber von einer Seite stärker statt als von der andern, so genügt es, nur den einen derselben besonders lang und stark zu konstruiren.

„Die eigentliche Mündung der Weichsel (das alte Fahrwasser oder die Norderfahrt) ist, seitdem man durch Anlegung des Mägdegrabens bei der Montauer Spitze den größten Theil des von Polen kommenden Weichselwassers in die Nogat geleitet hat, nach und nach völlig versandet und war zuletzt kaum noch für kleine Böte fahrbar. Schon seit dem Anfange des siebenzehnten Jahrhunderts mußten Schiffe, die aus der Weichsel in die See gelangen wollten, östlich oder westlich eine Durchfahrt suchen, jenachdem Stürme hier oder dort den Boden tiefer ausgehöhlt und dadurch Kanäle gebildet hatten, die man durch eingeschlagene Pfähle und daran befestigte Tonnen kenntlich machte. Unter diesen Kanälen fand man den, der zwischen dem westlichen Ufer und der seit 1634 von den Meereswellen aufgeworfenen Sandbank, die Platte genannt, entstanden war, am sichersten und nutzbarsten, weshalb man denn auch sorgfältig darauf dachte, ihn gegen Stürme und Fluthen zu schützen, und daher seit 1673 fleißig den nachsinkenden Sand herausbaggerte und zur Erhöhung der Platte benutzte. Im Jahre 1698 aber, als ein unglücklicher Eisgang den Kanal mit völliger Zernichtung bedrohte, fing man an, ihn mit Bohlwerken einzufassen und durch eine Schleuse gegen die Eisschollen des Stromes zu schützen, und so entstand nun das neue Fahrwasser[55] (die Westerfahrt), an dessen Befestigung und Sicherung in den

Jahren 1716 u. fg. mit großem Kostenaufwande gearbeitet wurde. Die alte Schleuse brach man 1724 ab und ersetzte sie durch eine stärkere, da aber auch diese nicht die gehörige Sicherheit gewährte, schritt man im Jahre 1802 dazu, eine neue von Bremer Steinen aufzuführen, mit welchen, – was jedoch der bald darauf ausbrechende Krieg verhinderte, – der ganze Kanal eingefaßt werden sollte. Die auf den im Jahre 1806 vollendeten Bau berechnete Summe belief sich auf 150,000 Thaler. Noch bedeutender ist die im Jahre 1824 begonnene auf die Summe von 395,050 Thalern (1 Fuß = 135 Thaler) veranschlagte Aufmauerung der 2647 Fuß langen steinernen Ostmole, die zu den Riesenwerken der Baukunst gehört.

Alle diese kostspieligen Bauten hatten jedoch nur ein Hafenbassin von $43^{1}/_{3}$ Morgen Flächeninhalt zu Stande bringen können, welches bei lebhafter Seefahrt die Menge der aufzunehmenden Schiffe nicht zu fassen vermochte. Daher war schon im Jahre 1802 der zweifache Vorschlag gemacht worden, entweder der Weichsel $2^{1}/_{2}$ Meilen oberhalb Danzigs, bei Schiewenhorst, eine neue Mündung zu geben und sodann den dadurch abgeschnittenen Theil des Flusses, der coupirt und in der Coupirung mit einer Schleuse versehen werden sollte, diesem Hafenbassin, als eine bedeutende Vergrößerung desselben, anzuschließen, oder den Sasper See zu einer solchen Vergrößerung des Bassins zu benutzen. Der erstere von diesen beiden Vorschlägen schien der ausführbarere zu sein, und wurde deshalb, nachdem die dazwischen gekommenen Kriegsjahre vorübergegangen waren, 1816 aufs Neue in Erwägung gezogen, jedoch auch diesmal des zu bedeutenden Kostenaufwandes wegen wieder aufgegeben. Da schritt der Strom selbst zur Ausführung desselben. In der finstern Nacht des 1. Februar 1840 durchwühlte er – was Niemand wahrnahm – die Sanddüne bei dem Nehrungischen Dorfe Neufähr, und die aufgehende Sonne beleuchtete eine neue

Weichselmündung, die sich bereits bis zu 80 Ruthen Breite ausgedehnt hatte.[56] Jenem längst entworfenen Plane gemäß wurde nun der abgeschnittene Theil des Flusses coupirt und mit der (Plönendorfer) Schleuse versehen, die alte Weichselmündung gänzlich geschlossen, das auf diese Weise gebildete neue Bassin von 266²/₃ Morgen Flächeninhalt neben der (jetzt nutzlos gewordenen) Hafenschleuse mit dem bisherigen „neuen Fahrwasser" durch einen Kanal in Verbindung gebracht und so ein Bassin von 300 Morgen gebildet, in welchem durch Baggerung eine Tiefe von 16 bis 18 Fuß erhalten wird.[57]

Um aber den durch den Weichseldurchbruch geöffneten neuen Weg in das Land zu Kriegszeiten nicht auch den Feinden zugänglich zu machen, ist demselben gegenüber auf dem linken Ufer des Flusses ein bedeutendes Fort angelegt worden."[58]

Da das Niveau der Weichsel bei Neufähr zur Zeit des Durchbruchs beträchtlich höher war als das der See, so mußte sich der Strom mit großer Gewalt in die letztre ergießen und das Flußbett auswühlen. Dieses hat denn zwar die Folge gehabt, daß die Flußufer vielfach beschädigt worden sind, indem das Erdreich nachstürzt, daß sich dafür aber auch das Flußbett immer weiter stromaufwärts vertieft. Nach einigen Jahren wird dadurch nicht bloß die Schifffahrt sicherer geworden, sondern auch die Gefahr der Ueberschwemmungen und Dammbrüche weniger zu befürchten sein. Wie man daher auch den Durchbruch bei Neufähr betrachte, er erscheint uns nach allen Seiten von Einfluß und segensreich; heilsam wie ein Aderlaß für den Körper eines vollblütigen Kranken.

Es ist einem jeden Fremden, der nach Neufahrwasser kommt, zu rathen, die oben erwähnte große Ostmole bis an ihr Ende entlang zu gehen. Er wird sich unter einem ähnlichen zwingenden Eindrucke befinden wie der Dirschauer Brücke gegenüber. Auch ein solches Werk bedarf einer jahrelangen Arbeit, da man es nur schritt- und stückweise vollenden kann. Wie sich die Laufgräben langsam und sicher der belagerten Festung nähern, trotz alles Widerstreitens der Belagerten, so gewinnt auch ein solcher Bau dem störrischen Meere jeden Fuß breit nur unter Kämpfen, aber mit derselben Sicherheit ab. Faschinen – ein dichtes, festes Weidengeflechte – werden auf einander gehäuft, mittelst Pfähle befestigt, mit Zingel (Kies, Ballast) überschüttet, mit Steinen beschwert und schließlich mit einer gewaltigen Steinlage überwölbt. Die zu oberst liegenden, roh bearbeiteten und doch sorgfältig an einander gefügten Steine machen den Eindruck cyklopischen Mauerwerkes. Und in der That, uns erinnert dieser Riesendamm an jene Felsstücke, welche der geblendete Cyklop dem höhnenden Odysseus ins Meer nachwarf. Ungefähr mit seinem letzten Drittel wendet sich der nordnordwest streichende Damm nach Nordwest, um dem Nordwinde besser zu wehren. Nach Osten zu geht nach jedem Drittel ein Seitendamm in die See, wie bei Mauern die Strebepfeiler. Die von dieser Seite andrängenden Wellen brausen und überstürzen ihn, aber sie reißen nichts fort als den Kiessand, den die frühere Welle in die Fugen der Steine schwemmte. An der westlichen Seite zieht sich eine doppelte Pfahlreihe mit einem Stege hin, theils um den Schiffen einen Halteplatz zu gewähren, theils um als Pfad für die Menschen zu dienen, welche bei Gegenwinden die Schiffe in den Hafen ziehen. Unmittelbar neben dieser Pfahlreihe beträgt die Tiefe des Fahrwassers bereits achtzehn Fuß.

Am Ende der Mole erhebt sich ein kleiner Leuchtthurm von Eisen; der größere befindet sich in Neufahrwasser selbst. Auch hier ist ein alter Invalide als *lamplighter* (Laternenmann) verwendet. Eine spätere Generation wird es nicht glauben, wenn sie hört, wie diese Invaliden – diese braven

Kämpfer der Freiheitskriege – einst von zwei Thalern den Monat gelebt, wie sie gebettelt, wie – die Laierkasten gedreht haben. Glücklich dieser mit seinem engen Stübchen! Seine Frau war gerade aus Neufahrwasser zu ihm herübergekommen und hatte ihm sein Vesperbrot gebracht. Ich setzte mich auf eine kleine grüne Bank und hörte ihn erzählen, was er von den Ratten zu leiden habe, die seinen Keller nicht respektirten; wie heiß es im Sommer, wie kalt – trotz des Heizens – im Winter sei; wie die Wellen manchmal bis zur halben Höhe des Thurmes leckten und es drinnen recht schauerlich anzuhören; daß das veränderliche Drehfeuer des Thurmes von Hela recht hübsch anzusehn, „sein" Feuer aber ein festes sei.

Ich gab mich dem ganzen Reize dieses beschränkten Daseins hin und drückte ihm still die Hand. Er fragte, ob ich nicht die Lampen sehen wolle, aber ich ging zurück längs dem Bretterpfade, auf dem man die Schiffe in den Hafen zieht.

Dünenbildung

Was zur Verzweiflung mich beängstigen könnte,
Zwecklose Kraft unbändiger Elemente!
Göthe, *Faust*.

Die Kreidefelsen von Rügen bestehen aus Milliarden von Panzern mikroskopischer Geschöpfe, die Korallenbänke des indischen Ozeans aus einer Verästelung unterseeischer Polypenstämme, jene lange Dünenkette, welche mit geringer Unterbrechung die Küsten der Nord- und Ostsee mit einem blendend-weißen Gürtel umgiebt, besteht aus – Sandkörnern. Es sind in dem Natur- wie in dem Menschenleben oft die kleinsten Faktoren, welche die größesten Resultate hervorbringen.[59] Aber es genügt nicht, das Sein zu erkennen, wir fragen billig nach dem Werden. Zwar die Thierchen, deren Schalen die Kreidefelsen bildeten, sind dahin; aber die Korallenbänke breiten sich noch heutzutage sichtlich aus und die Dünen bilden sich vor unsern Augen. Wenn ein Seesturm die Meeresfluthen aufwühlt, sehn wir auch im Seesande ein hastiges Jagen, ein Treiben, ein „Stiemen", das dem Schneewirbel im Winter gleicht; wo gestern noch eine Höhlung, ist morgen ein Hügel; die Pflanze, die noch so freudig ihr kümmerliches Dasein im Sande fristet, kann in wenigen Stunden erstickt sein von den Körnern, die jetzt um ihre Blätter spielen. Woher die beweglichen, so schwer „zum Stehen" zu bringenden Sandmassen? Bezeichnet die Dünenbildung ein Werden oder ein Zustand? So fragen wir, und die Antwort lautet: Beides zusammen.

Wie entstehn denn die Dünen? – Lieber Leser, gerade so fragte ich, als ich an jenem Morgen von Adlers-Horst nach Zoppot ging und meine Gedanken zweifelnd von Sandkorn zu Sandkorn, zu der Sahara und den Küsten des adriatischen Meeres schweiften. Da hielt mein Fuß an einem kleinen Wässerlein, welches sich seeeinwärts durch das hohe Ufer einen Weg gegraben und nun am Strande einen kleinen Teich gebildet hatte, der mir den Pfad versperrte. Von der See war dieser Teich durch eine Sandbank getrennt, welche nur an einer Stelle einen schmalen Durchfluß gestattete. Würde gerade ein Sturm losgebrochen sein, so hätte er unzweifelhaft diese vor dem Teiche lagernde Sandbank zerstört und mit ihrem Sande den Teich ausgefüllt; bei darauf folgendem ruhigen Wetter hätte sich aber die erste Bildung wiederholt.

Du erinnerst lächelnd an die Dünen! – Lieber Leser, du hast bereits ihr Werden gesehen; bedenke, daß ein Thautropfen im gewissen Sinne ein Bild des Ozeans ist! Du hast aber noch mehr als Dünen entstehen gesehn, du weißt auch bereits, wie unsere Haffe gebildet werden.

Jeder Strom führt losgerissene Erdtheile mit sich. Tritt er in ein ruhiges Gewässer, so müssen die Erdtheile nach dem physischen Gesetze der Schwere sich zu Boden senken. Dieses geschieht aber nicht unmittelbar da, wo dieses Wasser beginnt. Wie ein von einem Berge herablaufender Schlitten noch weit auf der Eisfläche des Teiches unten am Berge fortschießt, so äußert sich die Kraft, welche den Wasserstrom dem Meere zutreibt, noch lange, wenn diese Kraft bereits aufgehört hat. Die Strömung ist also noch weit im Meere vorhanden. Mit ihr werden aber die mitgeführten Erdtheile und der schon im Meere befindliche Sand fortgerissen, um endlich sich da niederzulassen, wo das Gewicht ihrer Schwere die treibende Kraft der Strömung aufhebt. Findet diese Ansammlung eine geraume Zeit ungestörten Fortgang, so muß sich eine die Strommündung halbkreisförmig umlagernde Sandbank bilden, welche nach der Mündung zu breiter und breiter anwachsen und zuletzt mit dem festen Lande nur noch eine Masse bilden wird. Der Strom gräbt sich während dessen in seiner Alluvion ein neues Bette und setzt sein schöpferisches Werk fort. Auf diese Art sind alle Stromdeltas[60] entstanden.

Diese Bildung wird, weil eine gewisse Ruhe und Stätigkeit ihre Grundbedingung, vorzugsweise stattfinden, wenn der bildende Fluß in einer Bucht mündet. Ist aber diese Bucht durch die Deltabildung ausgefüllt und nähert sich der Strand des Deltas mehr und mehr dem hohen Meere, dann tritt eine – auch bis dahin thätig nur weniger energisch gewesene – Reaktion ein. Die Meereswellen werfen sich der Bildung einer Sandbank entgegen und zerstören sie entweder, oder durchbrechen sie an einzelnen Stellen, oder dulden sie.

Im erstern Falle wird die ganze Masse des Seesandes bald

an das Ufer getrieben, bald auf dem Meeresgrunde in stets wechselnden Sandbänken angehäuft, bald zu neuen über das Niveau des Meeres tretenden Bildungen verwendet.

Im zweiten Falle entsteht aus jeder bogenförmigen Sandbank, indem sie von dem Meere durchbrochen wird, eine Inselkette.

Im dritten Falle ist das Resultat fast immer eine Haffbildung.

Ob einer von diesen drei Fällen eintritt, hängt von dem Verhältniß der Kraft des Stromes zu der des Meeres ab, namentlich von dem Grade des Ueberwiegens der letztern. Denn nur der Kampf erzeugt großartige Bildungen. Der Pofluß führt große Massen Gerölls in das adriatische Meer, aber dieses leistet fast gar keinen Widerstand; die Strömung geht dort von Norden nach Süden; die mitgeführten Theile schlagen sich regelmäßig nieder. Daher giebt es dort wohl das wunderbare Sumpfnetz der Lagunen, aber keine Dünen. Dasselbe Verhältniß findet bei der schwedischen Küste Statt.

Ist die Gewalt des Meeres aber ganz unverhältnißmäßig groß, dann kommt es zu einer größern Sandbankbildung im Meere wegen dieser zerstörenden Kraft überhaupt nicht. Dieses ist an vielen Theilen der Nordseeküste der Fall. Die dortigen berüchtigten Sturmfluthen bewirken, daß der Sand bis an das Ufer selbst getrieben wird, dort sich ansammelt und eine Dünenreihe hervorbringt. Eine weniger energische Kraftäußerung des Meeres duldet wenigstens einzelne Theile der über das Niveau hervorragenden Sandbänke, wahre Forts, die der Strom im Meere anlegt. Das sind jene Inseln, jene „Oogen", welche wir an den Küsten Hollands, Hannovers, Schleswig-Holsteins bewundern, die sich als Forts in einem steten nicht bloß fingirten Belagerungszustande befinden, und nicht selten von den anstürmenden Meereswogen vernichtet werden.

Ist die Gewalt der Strömung aber stärker als die Meeresaktion, kommt es zu jener bogenförmigen Sandbankbildung, dann entsteht ein See zwischen dem Meere und dem Lande, welcher, wenn er mit dem erstern in Verbindung steht und süßes Wasser enthält, ein Haff genannt wird. Diese Bildung kommt bei den Mündungen der Oder, der Weichsel und der Memel vor. Sie ist ein Produkt der thätigen aber nicht übermäßigen Reaktion der Ostsee. Darum ist gerade dieser Theil der norddeutschen Küste so reich an diesen interessanten Erscheinungen.

Die Weichsel hat sogar – was sonst nirgends mehr vorkommt – mit *zweien* Armen (der Nogat und dem ins frische Haff mündenden Arme) ein Haff gebildet, wogegen der *dritte* Arm (die Danziger Weichsel) es zu einer *vollständigen* Haffbildung nicht hat bringen können. Ich sage: nicht vollständigen, denn die Landzunge Hela ist unzweifelhaft ein Theil jener versuchten Bildung, jener dritten Nehrung, welche das nördlich von Weichselmünde gebildete Haff umschlossen haben würde, wäre sie zu Stande gekommen. Es ist denkbar, daß einst jene Helaer Landzunge sich mit der frischen Nehrung wirklich verbunden gehabt und mit ihr ein einziges von den *sämmtlichen* Weichselmündungen gebildetes Haff umgrenzt hat. Vielleicht zieht sich in der Verlängerung jener Landzunge noch eine, die einstige Fortsetzung derselben bezeichnende Sandbank hin; indessen müßte dieses zuvörderst durch genaue Messungen ermittelt werden.

Wo nun eine solche Nehrung auftritt, wie am frischen und kurischen Haff oder eine Inselreihe deren Stelle einnimmt, wie am Stettiner Haff, muß nothwendigerweise diejenige Dünenbildung, welche sonst an der Flußmündung selbst versucht sein würde, an der Nehrung stattfinden. Wir sehen deshalb auch, daß diese Nehrungen einen Gürtel der großartigsten Dünen aufzuweisen haben. Ja sie stellen sogar da, wo die

Kultur sich nicht dieser Bildungen bemeistert oder ein Pflanzen- und Waldwuchs nicht den Dünencharakter aufgehoben hat, in ihrer ganzen Breite nichts als eine Dünenreihe dar. So erscheinen sie, wenn wir von den Höhen bei Braunsberg am Horizonte die weißglänzende Linie der frischen Nehrung[61] betrachten, welche sich scharf gegen den Himmel hin abzeichnet. Die breitere Danziger Nehrung dagegen – welche übrigens als solche in unserm Sinne gar nicht angesehn werden kann – hat nur an dem nördlichen Meeresgestade eine imposante Dünenreihe, weiter südlich nimmt sie den Niederungscharakter des Weichseldeltas an.

Keine Zerstörung wirkt vielleicht nachhaltiger und sicherer als die durch wandelnden Sand. Ein schützender Wald bedeckt die Küste bis zur Grenze des früheren Danziger Territoriums, wehrt dem verheerenden Sande und bietet eine reiche Quelle der Einnahme für die Kommunalkasse dar. Wo aber diese Grenze aufhört, da feiern Wüste und Tod ihren höchsten Triumph. Aus dem Sande ragende Stumpfe bezeichnen die einstige Existenz eines Waldes; die fruchtbarsten Felder und Wiesen hat der Sand verschüttet und ganze Dörfer überweht. Wie wir bei dem Bergsturze von Goldau über die Stelle schreiten, darunter tief ein reiches Dorf begraben liegt, so hören wir auf den Nehrungen staunend von verwehten Ortschaften reden; wir lesen auf Karten das sonderbare: „Versandetes Dorf."[62]

Ein dichter Sandstaub erfüllt bei einem Sturme die Luft; raschelnd und sonderbar flüsternd schlagen die Halme des spärlichen Dünenrohres zusammen; die Sandkörner laufen klirrend und klingend durch einander, wodurch sich mit dem Brausen des Sturmes, dem Rauschen der Wogen ein fremdartiges Tönen mischt, bei welchem wir verwundert stille stehn. An etwas mehr geschützten Abhängen fallen die Körner in Bildungen, die an den Schnee erinnern, nieder, während auf den sturmgepeitschten Flächen sich ein Netz von feinen Wellenlinien bildet, wie auf einem Teiche. Und lächelte uns wenigstens von einer Seite die Möglichkeit eines grünen Landes, einer Zuflucht. Auf diesen Nehrungen, diesen „lechzenden Zungen von Seeungeheuern" dehnt sich auf der einen Seite die See, auf der andern das Haff hin, endlos wie eine einförmige Qual. Unsere Pferde, obwohl von wunderbarer Geschwindigkeit und Leichtigkeit, ermüden fast in dieser menschenverlassenen, pfadverwehten Wüste; und wenn wir dem Fuhrmann an dem feuchten Strande des Haffes wegen des dort fester liegenden Sandes zu fahren rathen, lacht er über uns, die wir nicht wissen, daß wir dort im Triebsande rettungslos versinken könnten.

Die Schutzmittel gegen das weitere Vordringen der Sanddünen sind theils mechanischer Art, bestehend in Steinwällen und Strauchzäunen, in denen sich der Sand fängt und so einen Schutzdünenwall bildet, theils organischer Art, indem man durch Dünenhafer, – der mit unverwüstlicher Zähigkeit grünt, so lange nur noch eine Spitze aus dem Boden ragt, – den Sand zum Stehen bringt und die Sandflächen mit Weiden, Birken, Kiefern, Erlen und Pappeln bepflanzt. Hinter den Dünen bilden sich landeinwärts oft weite Sumpfstrecken, in denen die Erle vortrefflich gedeiht.

Die Dünen stehen unter eigenen Dünen-Inspectoren, zu deren Pflichten es namentlich auch gehört, die als „Dünenschonungen" bezeichneten Strecken vor dem Betreten durch Thiere und Menschen zu schützen. Es ist kaum eine zweite Stellung denkbar, welche es mit einem gleich undankbaren Gegenstande zu thun hätte; hier gilt es nicht bloß „auf den Sand" sondern mit Sand auf Sand zu bauen, zu gleicher Zeit mit dem Meere und dem eben so beweglichen Lande zu kämpfen, und gewärtig zu sein, das in Jahren fußbreit erworbene Terrain in einem Moment zu verlieren. Und doch ist kaum eine zweite Stellung zugleich so dankbar und befriedigend. Denn es ist nicht die G r ö ß e des Resultats, was dessen Werth bestimmt, sondern der Gegenstand, auf welchen unser Streben gerichtet ist. Ein Sandkorn an das andere zu binden kann großartiger sein als die Errichtung einer ägyptischen Felsenpyramide.[63]

Anmerkungen Passarges

1 Welche Bewunderung der kühne Brückenbau des Xerxes bei den Griechen fand, ersieht man aus folgenden Stellen der Perser des Aeschylus (in der Uebersetzung von Donner):

Um den Nacken der See
Schlang sich das Joch, schlang sich der dichtbalkige Heerpfad.
(V. 71. 72.)
(Das Volk lernte)
Der völkergeleitenden Brücke trau'n (V. 101.)
(Das Volk) schritt kühn über jenes Joch hin,
Das die Gestade vereint
Beider Ländervesten. (V. 116–118.)
Atossa. Künstlich band er Helle's Fluthen,
Atossa. Schlug sich durch das Meer die Bahn.
Schatten des Dareios.
Und gelang ihm das, verschloß er Bosporos gewaltig Meer?
Atossa. Wohl gelang's ihm und ein Dämon, scheint es, half die That vollziehn.
(V. 695–697.)
Schatten des Dareios.
Doch mein Sohn, das nicht erkennend, trotzt' in keckem Jugendmuth,
Der des heil'gen Hellespontos stolze Fluth in Fessel zwang,
Sklavengleich zu ketten wähnte, Bosporos, des Gottes Strom,
Der den Pfad umschuf des Meeres und mit erzgehämmerter
Bande Joch dem großen Heerzug kühn erschloß die große Bahn.
(V. 718–722.)

2 Weichsel, plattdeutsch Wießel, polnisch Wisła, lateinisch *Vistula*, bedeutet im Polnischen „hängendes Wasser", von dem starken Gefälle in ihrem obersten Laufe. Brandstäter: *die Weichsel.* Marienwerder 1855. (Zusatz des Herausgebers: Ety-

mologie ist unrichtig. Herleitung von germ. wīhsila [Kluge]. Nach A. Brückner Zusammenhang mit dt. ‚weiß.')

3 In Betreff der Entstehung des Grundeises sind die „Gelehrten" bis jetzt zu keiner Uebereinstimmung gekommen. Man vergleiche die betreffenden Schriften von Horner, Arago, Mac Keever, Maschke, Gay-Lussac, Adie und Weber.

4 Seit dem Jahre 1501 bestand eine Pfahlbrücke bei Thorn, sie wurde aber beim Eisgange im März 1855 vollständig zerstört. Die Weite der 48 Joche betrug 40–58 Fuß.
Der deutsche Orden baute 1340 eine 470 Fuß lange Pfahlbrücke bei Marienburg über die Nogat und legte an beiden Enden zu ihrer Vertheidigung die üblichen Brückenköpfe mit Thürmen, Thoren, Mauerwerk und Gräben an. Sie wurde im Jahre 1735 zerstört.
Voigt: *Geschichte der Marienburg*. Königsberg 1824. S. 123 und 134.
Wutzke: *die Gewässer der Provinz Preußen*. Königsberg 1829. S. 130.
Eichendorff: *Marienburg*. Berlin 1844. S. 65.

5 Es giebt allerdings viel bedeutendere Spannungen. Die 9 Bogen der Waterloobrücke zu London haben eine Weite von 120 Fuß. Wutzke: a. a. O. S. 135.

6 Die Hängebrücken mit den bedeutendsten Spannungen sind wohl:
1. Die Kettenbrücke bei Buda-Pesth über die Donau, bei welcher die Entfernung der Auflager von Mitte zu Mitte, das heißt die Spannung, 645 Fuß pr. beträgt.
2. Die Drahtbrücke bei Wheeling über den Osir mit einer Spannung von 980 Fuß pr.
Diese und die folgenden Anmerkungen, welche mit einem L. unterzeichnet sind, rühren von einem Freunde des Verfassers, einem Techniker, her, der jedoch bei dem Brückenbau selber nicht thätig ist.

7 Man vergleiche die folgende Anmerkung.

8 Bei einem ideal gewachsenen, auf zwei Stützen horizontal liegenden Balken sind n e u t r a l e, d. h. nicht tragende Fasern diejenigen, welche in der durch die Mitte desselben gelegten Hori-

zontal-Ebene liegen; alle übrigen Fasern tragen mit; nur je weiter die Faser von der neutralen Achse entfernt liegt, desto m e h r trägt sie. Aus diesem Grunde und weil man der Kosten und der eigenen Schwere wegen möglichst wenig Eisenmaterial verwenden will, ist man genöthigt, h o h e Gitter zu konstruiren. Wenn also allerdings die oberen und unteren Gürtungen verhältnißmäßig am meisten tragen, ja bei den großen Gitterbrücken dieselben so stark konstruirt werden, daß sie ohne Berücksichtigung der Gitterstäbe die erforderliche Tragfähigkeit besitzen, so kann doch nie, wie es wohl geschieht, behauptet werden, die Gitterstäbe trügen g a r n i c h t. Bei kleineren Gitterbrücken werden sogar sehr geringe Gürtungen angewendet – selbst die Kinzig-Gitterbrücke hat geringfügige – weil ohnehin die Gitterstäbe, denen eine g e w i s s e Stärke immer verbleiben muß, fast die erforderliche Tragfähigkeit besitzen. L.

9 Die sechs Oeffnungen sind nicht etwa von der Mitte der Strompfeiler ab gerechnet 386 Fuß weit; dieses Maaß giebt vielmehr die l i c h t e Weite an. L.

10 Die Basaltlava ist von Niedermendig (bei Brohl), der Granit vom Harz (Ockerthal) und aus Schlesien, der Sandstein aus Obernkirchen (bei Minden) hergeholt. Im Innern der Pfeiler sind theilweise Sandsteine von der *porta Westfalica*, großentheils aber Ziegelsteine verwendet worden. L.

11 Die Pfahlwand steht allerdings von dem aufsteigenden Mauerwerk des Pfeilers zehn Fuß ab; der oben 31 Fuß breite Pfeiler erweitert sich aber nach unten zu durch 8 Bankets bis auf 43 Fuß, so daß die Pfahlwand von den untersten nur 3 bis 4 Fuß entfernt steht. L.

12 Sämmtliche statische Berechnungen sind von dem Schweizer Schinz, der leider im Jahre 1855 verstorben, ausgeführt.

13 Berlin 1855, bei Ernst und Korn, jedoch nicht in den Buchhandel gekommen.

14 Von Biermann gezeichnet.

15 Der Bau beider Brücken wird von dem Geheimen Ober-Baurath Lentze geleitet.

Die Architektur an den Thürmen, Portalen u.s.w. stammt vom Geheimen Ober-Baurath Stüler.

Die obigen Zahlenangaben sind größtentheils einem Aufsatze in der National-Zeitung vom 2. November 1855 und dem Texte zu dem erwähnten Atlas entnommen.

16 Kniebau, eine ausgebreitete Ziegelei, etwa eine halbe Meile von Dirschau entfernt, ist ursprünglich für die Brücke angelegt, liefert jetzt aber weit und breit Ziegel hin. Wenngleich Kniebau nicht hart am Weichselufer gelegen ist, so hat doch der Transport und die Verladung der Ziegelsteine wenig Schwierigkeiten, da sie durch einen Tunnel leicht zur Weichsel geschafft und von da weiter verschifft werden können. Besonders sauber werden die Blendsteine, das heißt die für die äußeren Flächen der Brükkenpfeiler und deren Thürme bestimmten Ziegel, bearbeitet; auch werden Formsteine jeglicher Art auf das Sorgfältigste gebildet. Ein schönes Beispiel kann das gegenwärtig im Bau begriffene Empfangsgebäude zu Dirschau aufweisen, welches seine Ziegelsteine sämmtlich aus Kniebau erhalten hat.

Es sei hierbei erwähnt, daß dieses Empfangsgebäude von Stüler projektirt, im Rohbau ausgeführt, ein imposantes schönes Gebäude abgeben, und da es genau in der Brückenachse angelegt ist, dem Reisenden eine herrliche Aussicht auf die Brücke gewähren wird. Es bildet einen sogenannten Inselperron. Die Berliner Züge fahren nämlich auf der einen Seite, die Danziger auf der andern vor; die beiderseitigen Schienenstränge vereinigen sich vor der der Brücke zugekehrten, abgestumpften Spitze des Gebäudes und laufen demnächst über die Brücke Königsberg zu.

L.

17 Der Kalkstein – in der vorzüglichen Güte als kararischer Marmor vorhanden – eignet sich zu den Wasserbauten, Behufs Mörtelpräparation deshalb nicht, weil der gewöhnliche Kalkmörtel unter Wasser schwer und nach zu langer Zeit erhärtet. Es fehlt dem Kalkstein nämlich der Thongehalt, welcher dem Kalke die sogenannten hydraulischen Eigenschaften verleiht, d. h. ihn unter Wasser schnell erhärtbar macht. Mergel ist nun seinen Hauptbestandtheilen nach eine Mischung aus Kalk und Thon (außerdem Kieselerde, Eisenoxyd u. s. w.); je nachdem diese Bestandtheile in dem richtigen Verhältnisse im Mergel vorhanden sind oder nicht, ist derselbe ohne weitere Beimischung als hy-

draulischer Kalk zu verwenden, oder ihm muß zuvor durch Mischung von Thon diese Eigenschaft gegeben werden. In Dirschau hat man in der nächsten Umgebung Mergel von den richtigen Mischungsverhältnissen vorgefunden, in Marienburg mußte man demselben noch etwas Thon beimischen. L.

18 Dieser in Dirschau oft gehörten Ansicht über die Eigenschaften des Bétons stellt des Verfassers Freund folgende wahrscheinlich richtigere entgegen, indem er schreibt:

„Daß der Béton in der Luft allmälig verwittere, darf durchaus nicht eingeräumt werden. Der Arbeiter hat Ihnen jedenfalls etwas Anderes als ein Stück Béton gezeigt." – In dieser Beziehung ist ein Irrthum nicht möglich, da der Verfasser von früher her dieses Material sehr genau kannte. – „Der hydraulische Kalk erhärtet, zu Mörtel mit Wasser eingerührt, an der Luft ebenfalls; er hätte ja sonst nicht zu dem ganzen über dem Wasser befindlichen Mauerwerk der Brücke – wie es in der That geschehen – verwendet werden können, und doch ist ein anderer Kalk durchaus nicht gebraucht worden. Der hydraulische Kalk erhärtet sogar an der Luft noch schneller als im Wasser; im letztern soll er allerdings noch härter werden als an der Luft; demohngeachtet darf nie behauptet werden, daß eine richtige Mörtel- oder Bétonmischung an der Luft verwittere; das könnte nur da geschehen, wo eine zu magere (kalkarme) Mischung vorgekommen. Jedenfalls bleibt hydraulischer Kalk auch für Luftbauten besser als der gewöhnliche Kalk. Man verwendet ihn nur deshalb nicht, weil er zu theuer ist und der gewöhnliche Kalk meistens genügt. Zu Gesimsen wird aber schon jetzt oft genug Cement verwendet."

19 Der in Dirschau verwendete Basaltlavastein ist nicht mit dem Basalte zu verwechseln. Dieser ist zwar sehr hart und mit großen Vortheilen zu Chausseen etc. zu verwenden, aber nicht zum Werksteinmauerwerk, da er in sechsseitigen Säulen krystallisirt und keine Werksteine abgiebt.

Werftmauern und dergleichen werden dagegen aus Basalt gepackt. L.

20 Den Winter von 1854 auf 1855 hat das Gerüst mitgemacht und ist sehr wenig oder wohl gar nicht beschädigt worden. Aller-

dings waren damals die beiden mittelsten Oeffnungen in Arbeit, welche sich auf dem Außendeiche befinden und die geringste Störung erleiden. L.

21 Es bedarf wohl kaum der Erwähnung, daß hier die Strom-Verhältnisse vor dem Jahre 1840 maaßgebend gewesen sind.

22 Früher mündete ein Arm der Nogat oberhalb der Stadt Elbing in dem Flusse gleiches Namens, wurde aber im Jahre 1783 verdämmt. – Wutzke: *Bemerkungen über die Gewässer der Provinz Preußen.* Königsberg 1829. S. 113. Töppen in den preußischen Provinzialblättern für 1852, Band 1. S. 188. Neumann in den Pr. Pr. Bl. für 1855, Bd. 1. S. 55.

23 Ueber diesen Reformator verbreitet sich die Schrift von Professor Hirsch: *der Prediger Pankratius.* Ein Beitrag zur Reformationsgeschichte Danzigs. Danzig 1842.

24 Vom Anfange des funfzehnten bis zum Anfange dieses Jahrhunderts zähle ich etwa vierzig mehr oder weniger bedeutsame Volkstumulte. Davon kommen allein auf den Streit mit dem demagogischen Theologen Strauch, welcher von 1673 bis 1683 währte, neun. – Löschin: *Geschichte Danzigs.* Danzig 1822 und 23. 2 Bde.

25 Man vergleiche folgende parallel gehende Darstellungen dieser Thurmspitze:

„Diese Spitze ist so luxuriös und auch in Proportion und Form so glücklich und schön sich auflösend aus dem prismatischen, massiven Baue bis zum goldenen Fahnenträger, daß man es wahrlich nicht anders wünscht."

Schulz, *Über alterthümliche Gegenstände der bildenden Kunst in Danzig.*

„Der Hauptthurm wächst in seinen unteren Geschossen noch gothisch aus der Mitte der Hauptfacade empor und wird durch eine überaus schlanke, luftige, reich und zierlich aufsteigende Spitze geschlossen. Erkennt man in ihrer feinen Aufgipfelung noch das Zugrundeliegen des gothischen Vertikalprinzipes, so sind doch alle Einzelheiten, ja selbst die größern Gliedertheilungen durchaus in üppig verschnörkelter Renaissance durchgeführt, aber in einer solchen Grazie, in so luxuriöser Ausbildung, daß diese Spitze zum Reizendsten gehört, was jener Styl an Der-

artigem je geschaffen hat, und daß sie an malerischem Reiz kaum von einer streng gothisch durchgeführten Thurm-Pyramide übertroffen werden dürfte."
Lübke in der Zeitschrift für Bauwesen, 1855, S. 52.

26 Ueber diesen Springbrunnen spricht Th. Hirsch in den Pr. Pr. Bl. für 1852, Bd. 2. S. 161 ff.

27 Löschin: *Danzig und seine Umgebungen.* Danzig 1853. 3. Auflage.

28 Löschin: *Geschichte Danzigs*, S. 69.

29 Es giebt in Danzig nur G a s s e n; die einzige Ausnahme bildet die Burggraben s t r a ß e.

30 Zu vergleichen: Th. Hirsch: *der Bildhauer Peter Ringering*. Zur Geschichte des Langgassischen Thores in Danzig. Pr. Pr. Bl. für 1852, Bd. 1. S. 261.

31 Otte: *Handbuch der kirchlichen Kunstarchäologie des deutschen Mittelalters.* Leipzig 1854. S. 25. Rudolf Genée: Text zu den Danziger Bauwerken in Zeichnungen von Julius Greth: Danzig 1856. Eine „Beschreibung aller Kirchengebäude der Stadt Danzig" verfaßte Ranisch: „Bürger und Maurermeister in Danzig", 1695.

32 Rudolf Genée, a. a. O. S. 1.

33 Die Strebepfeiler nach Innen gezogen haben noch folgende Kirchen in Danzig: die Dominikaner-, Trinitatis- und Brigittenkirche. Die Katharinenkirche, welche in zwei verschiedenen Bauperioden entstanden, hat in ihrem dreischiffigen Chore die Strebepfeiler nach Außen und im Westbau nach Innen.
Das Wesentliche der Danziger kirchlichen Architektur beruht außer dem Hineinziehen der Strebepfeiler besonders in dem g e r a d l i n i g e n C h o r s c h l u s s e, der recht eigentlich hier zu Hause ist. Als sehr wichtig für die äußere Erscheinung tritt die T h e i l u n g d e s D a c h e s hinzu, sofern durch Anordnung gesonderter neben einander laufender Dächer für jedes Schiff nicht allein das unpraktische und unschöne Kolossaldach der übrigen Hallenkirchen vermieden, sondern auch für die Ausbildung der Facaden ein für die künstlerische Durchbildung sehr ergiebiges Motiv in der dreifachen Giebelanlage gewonnen wird. Wir finden ferner in Danzig die drei Schiffe stets gleich

hoch, die Pfeiler achteckig und schmucklos, das Gewölbe dagegen von jenem schimmernden Reichthume, welcher ihm die Bezeichnung von Netz-, Stern- und Strahlengewölben verschafft hat.
Lübke in der Zeitschrift für Bauwesen für 1855, S. 48.
R. Genée a. a. O. S. 15.
v. Quast in den Pr. Prov. Bl. für 1851, Bd. XI. S. 117 ff.

34 Man vergleiche besonders auch das vorzügliche Werk vom Professor Dr. Theodor Hirsch: *die Oberpfarrkirche von St. Marien in Danzig*. 1. Bd. Danzig 1843.

35 Martin Opitz lebte 5 Jahre in Danzig, von 1634 bis 1639. Er starb am 20. August 1639. – Friedrich Strehlke: *Martin Opitz*. Leipzig 1856.

36 Wenn man das Dach des Mailänder Domes besteigt, liest man oft an den Wänden: *è vietato di orinare, di pisciare, di sporchiare; siete priegati di non spegnere acqua.*

37 Man vergleiche die erwähnte Beilage zu K. Weinreich's *Chronik*.

38 Einen interessanten Bericht über diese Restauration enthalten die Preußischen Provinzialblätter für 1852. Bd. 1. S. 71 ff.

39 Wie der französische Gesandte Ogier vom Jahre 1635 angiebt, hatte Kaiser Rudolf II. für das Bild 40,000 Gulden, aber vergeblich, geboten. Auch Peter der Große, der es 1716 gesehen, ließ durch den Fürsten Dolgoruki mit dem Rathe über den Ankauf desselben unterhandeln. Der Kirchenvorstand aber war der Ansicht, „weil das Bild wegen seiner ungemein raren Kunst keinem Gelde kann verglichen noch wegen darauf gethanen Gelübdes von Jemand verkauft werden, als wird's wohl niemals in eines Andern Besitz oder an einen andern Ort gesetzt werden."
1815 war es besonders Professor Breysig, der die Zurückweisung aller Anträge bewirkte.
Pr. Prov. Bl. für 1852, S. 71 ff.

40 Es kam im Dezember 1816 nach Danzig zurück und wurde am 17. Januar 1817 bei einer kirchlichen Feier der Gemeinde wiedergegeben.

41 Andere halten sie für die einer englischen oder niederländischen Familie.

42 Johanna Schoppenhauer: *Johann van Eyk und seine Nachfolger*, in ihren sämmtlichen Schriften, Bd. 4. S. 103 ff.

43 Passavant im Cotta'schen Kunstblatt für 1847, Nr. 32 ff.

44 Manche sehen ihn für ein Schwert an.

45 Göthe sagt von einem andern Flügelbilde Johann van Eyk's: Keine Stelle dieser Tafeln, die nicht durch's Vergrößerungsglas gewänne.

46 Johanna Schoppenhauer a. a. O. S. 91 ff.

47 In Betreff der Frage, ob die Griechen ihre Statuen wirklich bemalt haben, kann auf die vortreffliche Untersuchung von Hermann Hettner in seinen *Griechischen Reiseskizzen* (Braunschweig 1853. S. 160 ff.) verwiesen werden. Er kommt zu dem Schlusse, daß bei den Statuen nur Haare und Augen, überhaupt diejenigen Theile, welche von der Natur durch besondere Färbung herausgehoben sind, *nie* die Fleischpartieen gefärbt wurden. Doch behaupten gewiegte Kunstkenner auch das Gegentheil.

48 Ihr Vorsteher heißt „Vorläufer".

49 In Königsberg hatte ein Speicher die Inschrift:
„Gott gab Zähne, er wird auch Brod geben."

50 Danzig als Festung schildern:
Hoburg: *Geschichte der Festungswerke Danzigs*; und
Friccius: *Geschichte der Befestigungen und Belagerungen Danzigs*.

51 Löschin: *Geschichte Danzigs*. 2. Bd. S. 227 ff.

52 Der seitdem selten wieder erreichte Höhepunkt für diesen Handel fällt in das Jahr 1825, in welchem 124,706 Stück fichtene Balken, 476,465 eichene Planken und 12,983 Schock eichene Stäbe verschifft wurden. Ueber die neuesten Handelsverhältnisse interessieren vielleicht folgende statistische Mittheilungen. Im Jahre 1856 sind von Danzig seewärts verschifft Weizen 10,967 Last, Roggen 1162 Last, Gerste 392 Last, Hafer 233 Last, Erbsen 595 Last, Leinsamen 3751 Last, Rappsamen 300 Last, Thimotheum 25 Ctr., Kleesamen 50 Ctr., Mehl 48 Säcke und Hanfsaamen 226 Scheffel.

An fichtenen Hölzern: Balken 194,841 St., Masten 3028 St., Spieren 2931 St., Mauerlatten 21,362 St., Dielen und Enden 337,135 St., Sleepers und Klötze 480,040 St., Splittholz 6001 Fd., Schiffsnägel und Keile 10,309 Schock etc. An eichenen Hölzern: Balken 20,548 St., Planken 66,136 St., Krummholz 357 St., Stäbe aller Art 16,530 Schock.

Verschiedene Waaren, Hauptartikel waren: Jopenbier 20,358 1/8 Tn., Spiritus und Branntwein 1985 Ctr., Liqueure 95 Kisten, Eisen 1282 Ctr., alt Eisen 983 Ctr., Heringe 5821 Tn., Singvögel 900 St., Hunde 25 St., büchene Stämme 201 St., eschene Stämme 927 St., Grünwaare 1000 Pack, Salpeter 1192 Ctr., Steinkohlen 4327 Ctr., Zink 1886 Ctr., Waidasche 524 Tn., roher Bernstein 19 Ctr., Schmalz und Fleisch 8684 Ctr., Thierknochen 8100 Ctr., Rüböl 3009 Ctr., gebrannter Kalk 1105 Ctr., Oelkuchen 23,217 Ctr. Säcke 14,975 Stück, Flachs und Hanf 787 Ctr., Bastmatten 49,784 St., Talg 2098 Ctr., Thran 360 Ctr., Shuddi- und Schaafwolle 346 Ctr., Flottholz 1475 Ctr., Leinöl 1470 Ctr., Wachs 116 Ctr.

Der ungefähre Bestand am Schlusse des Jahres betrug: Weizen 2985 Last, Roggen 586 Last, Gerste 93 Last, Hafer 13 Last, Erbsen 247 Last, Leinsaat 413 Last, Rüb- und Rappsaat 466 Last und Mais 186 Last.

Von den 105 Segelschiffen und 3 Dampfböten, mit denen die Danziger Rhederei das Jahr 1856 begann, gingen 9 Schiffe verloren und 2 wurden verkauft, neu gebaut wurden dagegen 11 und gekauft 3 Segelschiffe und 1 Dampfboot, so daß am Schlusse des Jahres die Rhederei aus 104 Segelschiffen und 4 Dampfböten bestand, im Ganzen von 27,919 Normal-Lasten. Kupferfest waren darunter 9, kupferfest und gekupfert 19. Küstenfahrer unter 25 Normal-Lasten hat Danzig 5. Unter den Rhedern sind als die bedeutendsten hervorgehoben G. Link mit 21, A. Gibsone mit 16, C.H. Bulke und G.J. Focking mit je 7, Fr. Heyn und F. W. Völtz mit je 6, J. Palleske mit 5, Th. Behrendt, Haußmann, A. Seeger und J. G. Störmer mit je 4 Schiffen. Ausgegangen waren von Danzig im verflossenen Jahre im Ganzen 1427 Schiffe und zwar 1 nach Afrika, 2 nach Amerika, 33 nach Belgien, Bremen 45, Dänemark 66, England 750, Frankreich 64, Hannover 17,

Holland 166, Lübeck 1, Oldenburg 18, Preußen 135, Rußland 54, Schweden und Norwegen 72 und Spanien 2; angekommen waren dagegen im Ganzen 1420 Schiffe und zwar von Amerika 1, Griechenland 1, Spanien 1, Belgien 9, Hannover 9, Lübeck 12, Bremen 13, Hamburg 26, Frankreich 29, Rußland 45, Mecklenburg 48, Holland 67, Schweden und Norwegen 96, Dänemark 218, Preußen 358 und England 487. Den Flaggen nach gehörten von diesen angekommenen Schiffen an der amerikanischen 1, der französischen 2, eben soviel der hanseatischen, je 10 der oldenburgischen und russischen, 24 der schwedischen, je 72 der hannoveranischen und norwegischen, 107 der holländischen, 305 der englischen und 585 der preußischen.

(*Königsberger Hartung'sche Zeitung* vom 10. Januar 1857.)

53 Man hat berechnet, daß die Weichsel bei Hochwasser und nach Eisgängen stündlich 201,456 Kubikfuß, oder beinahe 1400 Schachtruthen (à 144 Kubikfuß) Sinkstoffe dem Meere zuführe; in 24 Stunden beinahe 33,600 Schachtruthen, in einem Jahre – bei einer Annahme, daß die Weichsel nur 10 Tage in dem gedachten Maaße mit Sinkstoffen gesättigt ist – 336,000 Schachtruthen, in 100 Jahren 33,600,000.

J.W. Pfeffer: *die Wasserverhältnisse der Weichsel und Nogat.* Danzig 1849.

54 Die gewöhnliche Art und Weise, die Sandhaken, Sandbänke, da, wo sie der Schifffahrt hinderlich sind, zu entfernen, ist die, daß man Faschinen- oder Steinwerke als Buhnen baut und durch Hinlenkung des Stromes auf die Bank dieselbe forttreiben läßt. Wo es nicht gelingt, werden Bagger – meist Dampfbagger – angewendet.

55 Das alte blieb noch bis zum Jahre 1745, in welchem sich eine Sandbank vor dasselbe lagerte, brauchbar.

56 Ich kann mir nicht versagen, hier die interessante Darstellung dieses Ereignisses von Pfeffer zu geben.

„Es war während des im Jahre 1840 Ende Januar (also ungewöhnlich früh) eingetretenen Eisganges, eine Strecke der Danziger Weichsel von etwa 500 Ruthen Länge (die preußische Ruthe enthält 12 Fuß; d. Verf.), von dem Dorfe Neufähr abwärts bis zum Sandwege, am Ende des Groß-Plönendorfer Außendeichs, durch Eisschollen vollständig verstopft; das ganze Profil der Weichsel, vom linkseitigen Werderdeiche bis zur gegenüber liegenden Sanddüne hatte sich sowohl auf den Uferrändern (den Außendeichen) als auch im Strome mit mächtigen Eisschollen bedeckt, und diese selbst waren fast überall so hoch aufgethürmt, daß sie die Kronenlinie des Werderdeiches überragten. Nur eine sehr geringe Wassermasse konnte hier und da durch die Eishügel ihren Weg finden. In Folge dessen erhöhte sich der Wasserspiegel vor der Stopfung auf eine erschreckende Weise, und bald durfte man dem Augenblicke entgegensehen, in welchem die Dämme des linkseitigen Ufers bei Plönendorf und Weslinken überfluthet und das Werder unter Wasser gesetzt sein würde, ungeachtet die Kronen dieser Dämme auf jener Strecke 16–18 Fuß über dem Spiegel der Ostsee lagen. Auf der rechten Seite der Stopfung wurde der Strom von der Dossirung der Ostseedämme begrenzt, welche unbenarbt war und eine Neigung von kaum 45 Graden gegen den Horizont hatte. Sie trat immer mehr in den Strom hinein, je höher das Wasser stieg. Hierdurch aber und durch die kreisförmige Bewegung des von oben herab immer neu andringenden Wassers gerieth der lockere Sand der Dossirung der Düne in Bewegung und glitt allmählig in die Tiefe. Der die Krone bildende Sand der Düne rückte nach und bald war die an Breite immer mehr verlierende Krone zur Höhe des Wasserspiegels vor der Eisstopfung herabgesunken, so daß der lockere Sand vom Wasser durchzogen werden konnte. Plötzlich, in der Nacht des ersten Februar, wich der mit Wasser gesättigte Sand der Düne an einer niedrigen Stelle, der Strom bekam Luft, wühlte sich immer tiefer in die beginnende Oeffnung und stürzte sich endlich der etwa 150 Ruthen entfernten Ostsee zu, ein furchtbares Unglück von dem Danziger Werder und der Stadt Danzig abwendend. – Am Morgen des ersten Februar war bereits eine Strommündung von 80 Ruthen in der Düne vorhanden. – Erst jetzt gewahrte man das große Ereigniß, das bis dahin selbst den Wächtern der Deiche verborgen geblieben war, in seinem Umfange. Den Abend vorher und während der Nacht war ein undurchdringlicher Nebel über die ganze Scene verbreitet gewesen, gleichsam als wenn die Natur ihre Arbeit dem Auge der Menschen hätte entziehen wollen." Pfeffer a. a. O. S. 27.

57 Pfeffer a. a. O. S. 36 ff.

58 Löschin: *Danzig und seine Umgebungen*. S. 198 ff.

59 Harting: *die Macht des Kleinen*.

60 Der „Vater der Geschichte" nannte das zwischen den beiden Nilarmen liegende Dreieck im Hinblick auf die Gestalt des vierten Buchstabens im griechischen Alphabet, ein Delta. Später ist dieser Name generalisirt, und wir sprechen von einem Donau-, Missisippi-, Indus- und Gangesdelta, obwohl die dortigen Flußarme zum Theil sich fächerförmig ausbreiten, zum Theil andere Figuren als Dreiecke einschließen. Gegenwärtig versteht man – nach Ritters Vorgange – unter einem Delta die von einem Strome in dessen unterstem Laufe gebildete, von mehreren Flußarmen durchströmte Alluvialebene. Es gehört also zu demselben nicht bloß das von zweien Armen eingeschlossene, sondern auch das nur von einem Flußarme begrenzte Tiefland.
Die Weichsel hat ein Flußdelta in diesem weitern Sinne. Nur jene in der Mitte zwischen Nogat und Weichsel gelegene Insel, welche wir das große Werder nennen, entspricht der Gestalt des griechischen Buchstaben. Ziehen wir aber von der ersten Gabelung der Weichsel, von der Montauer Spitze, eine Linie bis zur westlichen Mündung (Münde) und eine andere zu der östlichsten am Ausflusse des Elbing, dann erhalten wir wiederum die Gestalt eines Delta's, welches gleichzeitig fast die ganze Alluvialebene des Weichseldelta's einschließt.

61 Die Nehrung des frischen Haffes hat noch im Laufe der historischen Ueberlieferung vielfache Veränderungen erfahren. Gegenwärtig befindet sich die Verbindungsstraße – Tief, früher Balge, genannt – zwischen den süßen Wassern des Haffs und den salzigen der See bei Pillau. Bis zum Jahre 1309 war dieselbe eine Meile nördlicher bei der Ordensburg Lochstädt. Als sie versandete, durchbrachen um 1426 die Fluthen die Nehrung, Balga gegenüber, wodurch Alt-Tief oder das Balga'sche Tief entstand. Als auch dieses um 1456 versandete, bildeten sich seit 1497 bei Alt-Pillau – ein wenig nördlich von der heutigen Stadt – und dann noch verschiedene andere weiter südlich, von welchen ei-

nes – das jetzige – bald nach 1525 als Fahrstraße an die Stelle des Balga'schen trat.
Zugleich mit dem Tiefe bei Lochstädt soll auch ein Tief bei Vogelsang – im westlichen Theile der Nehrung – vorhanden gewesen sein. In jener Zeit hat also die Nehrung aus mehreren Inseln bestanden.
Der Name Nehrung oder Nehring (in Urkunden, *Neria, Nerei, Nergia, Nergya*, Nerge, Nerige) wird aus dem Altpreußischen hergeleitet und soll so viel als ausgewühltes, von den Meereswellen aufgeworfenes Land bezeichnen. Andere leiten das Wort von Nieder, Nedder, Ner und Inge (Land) ab.
Max Töppen: *die frische Nehrung* etc. in den Preuß. Provinzialblättern für 1852, Band I. S. 81 ff.
Voigt: *Geschichte Preußens* Bd. V. S. 190 Ammerkung 2.
Preuß: *Preuß. Landes- und Volkskunde* S. 10.

62 Die Dörfer Alt-, Neu-Lattenberg und Kunzen, welches Letztere am Anfange dieses Jahrhunderts noch aus 40 Wirthen bestand, sowie Carwaiten bei Nidden – sämmtlich auf der kurischen Nehrung belegen – sind ganz verschwunden. Auf der Stelle wo Kunzen stand, nehmen die Sandhügel eine Höhe von 108 Fuß ein.
Das Dorf Schmeergrube auf der frischen Nehrung bestand wahrscheinlich noch im Jahre 1636, im Jahre 1728 wird es schon als „versandet“ bezeichnet. Die früher sehr bedeutenden Waldungen der frischen Nehrung wurden unter der Regierung des Königs Friedrich Wilhelm I. zum größten Theil niedergehauen. Erst seit der Mitte des vorigen Jahrhunderts war man ernstlicher darauf bedacht, dem Vorrücken der Dünen, durch welches so viele Verheerungen angerichtet wurden, entgegen zu arbeiten, und erst seit dem Ende desselben that man es mit Erfolg.
Bei der Versandung ganzer Waldungen auf der kurischen Nehrung kam das Wild in Gefahr zu verhungern, es wurde deshalb im Jahre 1733 nach der sechs Meilen entfernten Warnikenschen Forst getrieben.
Preuß: *Pr. L. u. V. Kunde.* – Max Töppen, a. a. O. Wutzke: *Bemerkungen über die Gewässer, die Ostseeküste und die Be-*

schaffenheit des Bodens im Königreich Preußen. Königsberg 1829.

63 Dem Aufsatze von W. Seidel in den Neuen Preußischen Provinzialblättern für 1850, Bd. 10. S. 439 ff.: *Nachrichten über die Befestigung der Dünen an der Westpreußischen Küste* entnehme ich folgende Sätze:

Es giebt drei Arten von Dünen. Die längs dem Seestrande in Gestalt eines Walles gelagerten jetzt sichtbaren Dünen gehören der dritten Formation an; die der ersten, welche tiefer im Lande hineinliegen, sind größtentheils mit Waldboden bedeckt, die der zweiten Formation aber unter denen der dritten allmälig begraben.

Das Fortschreiten der Dünen in das Binnenland hat Aehnlichkeit mit dem Fortschreiten der Gletscher, nur geht es rascher. Dasselbe beträgt, wenn Hindernisse vorhanden, eine Ruthe, sonst zwei Ruthen das Jahr.

Die ersten Versuche, die Dünen mittelst Sandrohr (*arundo arenaria*) zu decken, verdankt man dem Dänen Soeren Bioern, durch dessen Thätigkeit von 1797–1819 die meisten Dünen bis Vogelsang unschädlich gemacht wurden. Bis zum Jahre 1850 ist der ganze Strand bis zur Ostpreußischen Grenze gedeckt.

Auf der Landzunge Hela, die von allem Waldwuchs entblößt war, entstanden in den Jahren 1818–1824 44 Durchbrüche von 8 bis 70 Ruthen Breite, welche durch Coupirungen geschlossen wurden. Um die Dörfer Karwen und Karwenbruch gegen die Meeresfluthen zu schützen wurde eine Düne von 487 Ruthen Länge als Meerdeich geschaffen.

Alle diese Arbeiten sind von 1817 bis 1836 mit einem Aufwande von 150,634 Rthlr. 8 Sgr. 9 Pf., wozu der Staat 126,806 Rthlr. 27 Sgr. 4 Pf., die Danziger Kämmerei aber 17,000 Rthlr. beigetragen und die Hand- und Spanndienste mit 6827 Rthlr. berechnet sind, in den Jahren 1836 bis 1848 aber mit 126,071 Rthlr. 23 Sgr. 4 Pf. und den auf 6451 Rthlr. 18 Sgr. 4 Pf. berechneten Hand- und Spanndiensten ausgeführt worden. Die ganze Summe der auf die Befestigung der Westpreußischen Dünen seit 1817 verwendeten Kosten beträgt also 250,878 Rthlr. 20 Sgr. Faßt man alle Resultate dieser Arbeiten und Kosten zusammen, so ergiebt sich:

1. daß die frische Nehrung vor gänzlicher Versandung gesichert;
2. daß der 5 Meilen lange Kieferwald vom Untergange gerettet ist;
3. daß an 1000 Morgen Land zwischen Bohnsack und Nuewelt am Fuß der Dünen, welche schon der Versandung unterlagen, der Kultur wiedergegeben sind;
4. daß 14,493 Morgen Dünen bepflanzt sind, worunter 4283 Morgen mit Holz, und daß aus diesem jungen Gehölz nach den vorgenommenen Durchforstungen schon 4000 Rthlr. als Erlös gewonnen sind;
5. daß der Versandung der Weichsel gewehrt ist;
6. daß die Halbinsel Hela in ihrem Zusammenhange erhalten und dadurch der Ankerplatz der Danziger Rhede gesichert ist; endlich
7. daß die Dörfer Karwen und Karwenbruch vor Zerstörung bewahrt sind.

Zu dieser Ausgabe

Der Text ist der bislang einzigen Veröffentlichung von Passarges *Aus dem Weichseldelta*, Danzig 1857, entnommen, die außerdem noch Abschnitte über die Werder und über die Marienburg enthält. Der Text ist hier nach der Erstveröffentlichung unverändert wiedergegeben, einschließlich der Anmerkungen, die Passarge selber hinzugefügt hatte. Darüber hinaus schien es sinnvoll, weitere Erläuterungen zu geben, die im Text jeweils mit Sternchen versehen sind. Diese Erläuterungen des Herausgebers werden nach dieser Notiz mit Angabe der Seite und * gebracht. Sie zielen auf Sachverhalte und Personen, die Passarge in seiner Zeit einer näheren Erklärung nicht für bedürftig hielt, die heute jedoch erforderlich sein mögen. Zuweilen schien es auch sinnvoll, auf Urteile Passarges hinzuweisen, die sich vom Stande unseres heutigen Wissens unterscheiden. Nicht alle Anspielungen, die einer Klärung bedurft hätten, ließen sich auflösen. Dort, wo die Auflösung gelang, wurde der Herausgeber von Uwe Israel unterstützt.

Anmerkungen des Herausgebers zum Text

S. 7* „Im Verzeichniß der Postcourse", das dem *Berliner Kalender* beigegeben ist, heißt es in der Ausgabe für 1829, S. 17 für die fahrende Post von Berlin über Konin nach Königsberg in Preußen, die normale Fahrzeit (Abfahrt in Berlin am Vormittag Montags und Freitags um 10 Uhr; Ankunft in Königsberg am Sonnabend und Mittwoch früh um 3.30 Uhr) verlängerte sich „im Winter bei schlechtem Wetter und Eisgang der Flüsse" um 24 „und oft noch mehrere Stunden". Außer der Weichsel bei Dirschau war namentlich die Nogat bei Marienburg ein Hindernis. Die Brücke dort wurde gleichzeitig mit der von Dirschau gebaut. Die Oder wurde bei Küstrin überquert, wo schon seit dem 15. Jahrhundert eine Brücke bestand.

S. 7** Siehe Ernst Bahr in: *Handbuch der Historischen Stätten. Ost- und Westpreußen.* Stuttgart 1966, S. 39f. 1772 umfaßte die im 16. und 17. Jahrhundert zerstörte und verarmte Stadt 181 Häuser; 1820 lebten in ihr 37 Händler und 94 Handwerker. C.F. Jahns *Reisebuch. Ein Führer durch Norddeutschland*, redigiert von Carl Gräf. 12. Auflage Weimar 1866 notiert 9 Jahre nach der Vollendung der Weichselbrücke, S. 461f. Dirschau als „lebhafte Stadt" mit 6385 Einwohnern. Sehenswürdigkeiten werden, von der Brücke abgesehen, nicht genannt, wohl aber werden zwei Gasthäuser oder Hotels (Stadt Danzig und Kronprinz von Preußen) verzeichnet.

S. 7*** Gleichzeitige Publikationen über die Brücke bei Dirschau im Centralblatt der Bauverwaltung 1857f. Siehe auch B. Schmidt: *Die Weichselbrücken bei Dirschau.* Westpreußen-Jahrbuch 22. 1972.

S. 14* Passarge zitiert Schiller, allerdings nicht wörtlich. Im

Lied von der Glocke heißt es: „Hoffnungslos/ Weicht der Mensch der Götterstärke,/ Müßig sieht er seine Werke/ Und bewundernd untergehn.“

S. 15* Der Krimkrieg (1853–1856)?

S. 16* „Weichselzopf“ ist ein scheinetymologisch dem Deutschen angeglichenes polnisches Wort, nämlich wieszczyce. Es bezeichnet die Verfilzung des Haupthaars. Friedrich Kluge: *Etymologisches Wörterbuch der deutschen Sprache*. 21. Auflage Berlin/New York 1975, S. 845 f.

S. 18* 1 preußischer Fuß = 314 mm.

S. 23* 1 Zoll ist der 12. Teil eines Fuß; also = 26 mm.

S. 26* Näheres bei Rainer Zacharias: *Die Nogatbrücken in alter und neuer Zeit*. In: Neues Marienburger Heimatbuch. Herausgegeben von demselben. Herford 1967, S. 321 ff.

S. 36* Bischof Adalbert von Prag erlitt 997 beim Versuch, die Peußen zu bekehren, den Märtyrertod. Er hatte seinen Weg in der Tat über Danzig genommen.

S. 36** Der wikingerzeitliche Handelsplatz Truso hat in der Nähe des späteren Elbing gelegen. Der genaue Platz ist nicht bekannt.

S. 38* Passarge bezieht sich wohl auf: Friedrich Gustav Schilling: *Glossen über einige Gegenden und Städte des nördlichen Deutschlands im Jahre* 1806, o. O., o. J.

S. 40* Die von Passarge beschriebene Grundstücksaufteilung ist für die meisten norddeutschen Städte charakteristisch. Eine literarische Beschreibung gibt z. B. Thomas Mann zu Beginn seines Romans, wo er auch das ererbte Haus der Buddenbrooks schildert. Zu Danzig siehe Karl Hauke: *Das Bürgerhaus in Ost- und Westpreußen*. Tübingen 1967, S. 57 f.

S. 41* Auch die Beischläge fanden sich in vielen norddeutschen Städten, wo sie im Gegensatz zu Danzig jedoch im 19. Jahrhundert meistens zugunsten der von Passarge perhorreszierten Trottoirs beseitigt worden sind.

S. 45* Der preußische Oberbaurat Karl Friedrich Schinkel

(1781–1841) war zu seiner Amtszeit führend auch in der damals beginnenden Denkmalpflege tätig.

S. 45** Brotbänkengasse 16. Der Name leitet sich von einer Engelfigur auf dem Giebel her. Erich Keyser: *Die Baugeschichte der Stadt Danzig*. Köln Wien 1972, S. 401. Hauke (wie Anm. S. 40*) Tafel 62 f.

S. 46* Danzig war seit seinem Abfall vom Deutschen Orden (1454) bzw. dem Zweiten Frieden von Thorn (1466) Teil der Krone Polen gewesen. 1793 war es mit der Zweiten Teilung Polens an Preußen gefallen. Zuvor war es fast eine freie Stadtrepublik gewesen. Darauf bezieht sich Passarges „Beraubtsein".

S. 47* Ludwig Rosenfelder (1813–1881) war Direktor der Kunstakademie in Königsberg. Der befreite Prediger heißt nicht Klein, sondern Klemme.

S. 47** Passarges die Geschichte Danzigs isolierendes Urteil speist sich offensichtlich daraus, daß ihm die Geschichte mittelalterlicher deutscher Städte abgesehen von denen Preußens nicht gut bekannt war. In den größeren Rahmen gestellt, sind wiederholte innere Unruhen, wie sie für die Geschichte Danzigs charakteristisch sind, durchaus nicht ungewöhnlich.

S. 48* Johann Georg Kohl: *Alpenreisen.* 3 Bände. Dresden und Leipzig 1849–1851.

S. 49* Passarge verkennt, daß sich die von ihm in Danzig beobachteten großen öffentlichen Bauten der Gemeinde durchaus auch in Köln fanden. Er ist hier sichtlich von einem antikatholischen Vorurteil bestimmt, und dieses läßt ihn übersehen, daß Köln im späteren Mittelalter keineswegs eine unter „Priesterherrschaft" stehende Stadt war. Im übrigen widerspricht der an dieser Stelle vorgenommenen Gleichsetzung von Bürgerstadt und weltlichen öffentlichen Gebäuden die Tatsache, daß im späteren Mittelalter die städtischen Kirchen ebenso „Bürgerbauten" waren wie Rathäuser, Bruderschaftsgebäude und Zeughäuser. An späterer Stelle (S. 75) nähert sich Passarge dieser Einsicht, wenn er bemerkt, daß der

Danziger Rathausturm vor dem Turm der städtischen Hauptkirche „kümmerlich" erscheine.

S. 50* Nach dem für die klassische mittelalterliche Epik so wichtigen König Artus benannten sich seit dem 13. Jahrhundert Kaufmannsvereinigungen in Westeuropa, aber auch in Preußen und Livland. Ihre Häuser aber auch die von Georgsbruderschaften trugen den Namen von König Artus.

S. 50** Zu dem Maler Anton Möller (1563–1611) und seinem Jüngsten Gericht Keyser (wie Anm. S. 45**) S. 417.

S. 51* Adolf W.Th. Stahr: *Ein Jahr in Italien* 1. Oldenburg 1847, S. 91.

S. 52* Siehe etwa die Darstellung, die Johann Carl Schultz (1801–1873), der Direktor der Danziger Kunstschule, 1857 – also gleichzeitig mit Passarges Beschreibung! – vom Innern des Artushofes gab. Abgebildet bei Keyser (wie Anm. S. 45**) Abb. 12.

S. 52** Christophoros. Das folgende Zitat ließ sich nicht verifizieren.

S. 53* Gemeint ist das im Zweiten Weltkrieg zerstörte Bild aus den achtziger Jahren des 15. Jahrhunderts, auf dem die Belagerung Marienburgs nach dem Abfall Danzigs und des größeren Teils von Preußen vom Deutschen Orden dargestellt ist. Das für den Artushof geschaffene Gemälde muß als Siegesdenkmal der Danziger verstanden werden. Aus diesem Grunde, aber auch als einem ganz frühen „Ereignisbild" kommt ihm ein hoher Rang zu. Hartmut Boockmann: *Die Marienburg im 19. Jahrhundert*. Frankfurt am Main 1982, Abb. 1 und S. 105.

S. 53** *Caspar Weinreich's Danziger Chronik*. Herausgegeben von Theodor Hirsch und Friedrich August Vossberg. Berlin 1855, S. 26.

S. 55* Byzantinisch meint nach heutiger Terminologie: Romanisch.

S. 55** Passarge meint den Ausbau Münchens unter König Ludwig I. Siehe den Katalog: *Romantik und Restaura-*

tion. Architektur in Bayern zur Zeit Ludwigs I. 1825–1848. München 1987.

S. 56* Zum Stockturm Keyser (wie Anm. S. 45**) S. 176 und Abb. 43 und 46. Es handelt sich dabei um ein Tor aus dem späteren 14. Jahrhundert, das später zu einem Turm erhöht worden ist. Daß Passarge diesen „hussitisch" nennen möchte, ist reine Willkür und erklärt sich wohl aus dem Reiz, den die geheimnisvoll-uneinheitliche Architektur auf den Verfasser ausübte, sowie aus einer von der evangelischen Kirchengeschichtsschreibung her zu erklärenden Sympathie mit den Hussiten. Zu der kurzen Belagerung Danzigs durch ein Hussitenheer siehe Johannes Voigt: *Geschichte Preussens* 7. Königsberg 1836, S. 635 f.

S. 57* Gemeint ist das Haus der Georgs-Bruderschaft, deren Mitglieder sich aber auch im Artushof versammelten.

S. 59* Siehe Anm. 49*.

S. 60* Siehe Anm. 52*.

S. 62* Die Ausstattung der Marienkirche war reicher, als Passarge wissen konnte. Erst um 1900 wurde einer der größten Paramentenschätze aus dem späteren Mittelalter in der Marienkirche entdeckt. Siehe Walter Mannowsky: *Der Danziger Paramentenschatz.* 5 Bände. Berlin, Leipzig 1931–1938.

S. 62** Die wandernden Handwerkergesellen wurden zum Beweis dafür, daß sie bestimmte Orte wirklich besucht hatten, nach feststehenden Merkmalen bestimmter Städte befragt.

S. 62*** Das Danziger Jüngste Gericht wird heute meistens Hans Memling zugeschrieben, doch besteht absolute Sicherheit in dieser Frage nicht. Siehe Przemysław Trzeciak: *Hans Memling*. Berlin, Warschau 1981, S. 20 ff.

S. 62**** Willi Drost: *Die Marienkirche in Danzig und ihre Kunstschätze*. Stuttgart 1963, S. 73 ff.

S. 64* Nicht verifiziert.

S. 65* Alexander von Humboldt erwähnt den Polierschiefer

von Bilin in seinem *Kosmos* wiederholt, so im ersten Band (Stuttgart und Tübingen 1845) S. 157.

S. 66* Siehe oben Anm. S. 62***

S. 67* Theodor Hirsch: *Die Ober-Pfarrkirche von St. Marien in Danzig in ihren Denkmälern und in ihren Beziehungen zum kirchlichen Leben Danzigs überhaupt.* 1. Danzig 1843–1847, S. 423.

S. 67** Wie Anm. S. 53**, S. 92 ff.

S. 68* Wie ebd. S. 1

S. 69* Ebd. S. 13 f.

S. 76* Drost (wie Anm. S. 62****) S. 125.

S. 81* Mystik meint hier – wie in heutiger ungenauer Ausdrucksweise – etwas, was als befremdlich mittelalterlich erscheint. Zum „diskreten Kolorit" Drost (wie Anm. S. 38*) „Die alte Fassung wurde im 19. Jahrhundert überstrichen ..."

S. 89* Der Marienburger Prediger Ludwig Haebler (1768–1841) war während der ersten Wiederherstellung des dortigen Deutschordensschlosses derjenige, der die Forschungen unternahm, die nur am Ort möglich waren. Vgl. Hartmut Boockmann: *Das ehemalige Deutschordensschloß Marienburg* 1772–1945. In: Geschichtswissenschaft und Vereinswesen. Göttingen 1972, S. 112 f.

S. 89** Dazu Boockmann, wie eben zitiert, S. 129.

S. 89*** Hier sind Befestigungsbauten des 17. Jahrhunderts gemeint. Keyser (wie Anm. S. 45**) S. 377.

S. 89**** Die Danziger Ordensburg wurde gleich nach dem Aufstand der Stände 1454 zerstört. Keyser (wie Anm. S. 45**) S. 218 ff.

S. 89+ 1805–1890. Siehe Altpreußische Biographie 1. Königsberg 1941 (Schwarz).

S. 91* Gemeint ist die Annexion Danzigs im Zusammenhang der Zweiten Teilung Polens 1793. Zu Passarges Zeit war es üblich geworden, die Annexion jener Gebiete, die der Deutsche Orden 1466 verloren hatte, in den Teilungen Polens 1772 und 1793 als deren Rückkehr zu verstehen. Die Eigenständigkeit von Passarges Urteil zeigt sich gerade an dieser Stelle.

S. 91** Der bekannte dänische Bildhauer Bertel Thorvaldsen (1768–1844).

S. 91*** Der Maler, Bildhauer, Kunstsammler und Archäologe Martin von Wagner (1777–1858).

S. 91**** Johann Karl Wilhelm Zahn (1800–1871).

S. 91+ Franz August Brandstätter, Lehrer in Danzig und Schriftsteller (1815–1883). Der zitierte Aufsatz in: Altpreußische Monatsschrift 45 (1906), S. 402 f.

S. 92* Alexander Ferdinand von Quast (1807–1877) war der erste Denkmalpfleger in Preußen. Siehe: Altpreußische Biographie 2. Marburg 1967 (Karl Hauke).

S. 94* Auch in den älteren Bestandsverzeichnissen des Berliner Museums findet sich ein solches Gemälde von einem der Holbein nicht. Vielleicht meint Passarge mit seiner ohnehin etwas gewagten Assoziation aber Bellinis Beweinung Christi in der Gemäldegalerie Staatliche Museen Preußischer Kulturbesitz Berlin. Katalog der ausgestellten Gemälde. Berlin 1975, S. 45 f.

S. 95* Stephan IV. Bathory war von 1576–1586 König von Polen. Seine Wahl war strittig gewesen, und Danzig hatte sich für den Rivalen entschieden, für den Habsburger Maximilian II. In diesem Zusammenhang kam es 1576/1577 zum Danziger Krieg. Die Eroberung der Stadt gelang dem König nicht.

S. 97* Nicht identifiziert.

S. 99* Nicht identifiziert.

S. 100* Siehe Anm. S. 95*.

S. 100** Nach der Doppelwahl 1733 und in dem Thronfolgekrieg zwischen Stanisław Leszczyński und Friedrich August hatte sich Leszczyński nach Danzig zurückgezogen.

S. 109* Der Aufenthalt König Johanns III. in Danzig 1677 gehört in den Zusammenhang des von ihm vorbereiteten Krieges gegen das Herzogtum Preußen.

S. 112* Heinz Lingenberg: *Oliva – 800 Jahre*. Lübeck 1986.

S. 114* Kurfürst Friedrich Wilhelm war es im Ersten Nordischen Krieg 1655–1660 gelungen, die 1525 geschaffene Lehnshoheit des polnischen Königs über das Herzogtum Preußen abzuschütteln. Die internationale Anerkennung der Souveränität des Herzogtums im Frieden von Oliva war die Voraussetzung für die Krönung seines Sohnes zum König in Preußen 1701.

S. 114** Johann Karl Graf von Hohenzollern (aus dem schwäbischen katholischen Zweig der Dynastie) (1732–1803) wurde 1781 Abt von Oliva und hielt hier auch als Fürstbischof von Ermland Hof. Siehe Lingenberg, wie Anm. S. 112*, S. 140 ff.

S. 119* Die dänische Fregatte war 1849 bei Eckernförde erobert worden. „Schmählich" meint den durch die Großmächte erzwungenen Rückzug Preußens aus dem Bündnis mit den Schleswig-Holsteinern.

Nachwort

Ludwig (Louis) Passarge, heute so gut wie vergessen, war zu Lebzeiten ein vielgelesener Autor. Er wurde am 6. August 1825 in Wolittnick im Kreis Heiligenbeil als Sohn eines Gutsbesitzers geboren. Er studierte in Königsberg und Heidelberg Jurisprudenz und ergriff – wie viele Autoren des 19. Jahrhunderts – einen juristischen Beruf. 1856 amtierte er als Kreisrichter in seiner unmittelbaren Heimat, in Heiligenbeil, später in Insterburg und in Königsberg, zuletzt als Oberlandesgerichtsrat und Geheimer Justizrat. Seit 1887 lebte er im Ruhestand in Lana – in Südtirol –, dann in Jena und Wiesbaden. Am 19. August 1912 starb er in Lindenfels im Odenwald.

Passarge hat im Alter von seiner Kindheit und Jugend erzählt, vom Elternhaus, von der Schule in Königsberg, vom Studium dort und in Heidelberg (*Ein ostpreußisches Jugendleben*, 1903). Schon diese Erinnerungen lassen erkennen, daß es den aus dem tiefsten Ostpreußen kommenden und seine Heimat liebenden Mann doch in die weite Welt zog – zunächst in das den Verkehrsverhältnissen nach so ferne – und geistig von Königsberg doch gar nicht weit entfernte – Heidelberg, später jedoch in viele Länder Europas. Das lassen seine Reisefeuilletons erkennen.

Der Erstling von 1857 – *Aus dem Weichseldelta* – hatte, wie das Vorwort lehrt, offensichtlich damit zu tun, daß sein Autor später als erhofft in eine berufliche Position kam. Das in einem angesehenen Verlag erschienene Buch muß ihn als Autor empfohlen haben. Er blieb bei dieser literarischen Gattung. Drei Jahre später veröffentlichte er *Fragmente aus Ita-*

lien. Dann wandte sich Passarge dem Norden zu. 1867 erschien *Schweden, Visby und Kopenhagen*, 1881 *Drei Sommer in Norwegen* und 1897 *Schweden. Wanderungen, besonders in Nordschweden und Lappland*. 1878 ließ er noch einmal Reiseskizzen aus der Heimat erscheinen – *Aus Baltischen Landen* –, und 1884 sowie 1904 kehrte er in den Süden zurück: *Aus dem heutigen Spanien und Portugal* und *Dalmatien und Montenegro. Reise- und Kulturbilder*.

Doch faßte Passarge seine Reiseeindrücke nicht nur in die Prosa des Feuilletons. 1884 ließ er *Norwegische Balladen* erscheinen. 1884 folgten *Baltische Novellen*, 1895 veröffentlichte er Gedichte *Aus fünfzig Jahren*, und 1897 folgten *Petter Daß. Die Trompete des Nordlandes und andere Gedichte mit Biographie*.

Der Staat des 19. Jahrhunderts, gerade auch der preußische, beanspruchte seine höheren Beamten nicht den ganzen Tag lang und nicht das ganze Jahr hindurch. Die gebildeten Verwaltungsbeamten und Richter, die von ihren außerhalb des Berufs liegenden geistigen Interessen produktiven Gebrauch machten, waren ebensowenig Ausnahme-Gestalten wie die Schriftsteller und Gelehrten aus dem Pastorenstande. Louis Passarge schrieb nicht nur Reisebeschreibungen und Gedichte. Er veröffentlichte außer Zeitschriften- und Zeitungsartikeln – vor allem in der Münchener Allgemeinen Zeitung – auch literarische Bearbeitungen und Übersetzungen – aus dem Litauischen, vor allem aber aus den skandinavischen Sprachen. Seine Übersetzungen machten Henrik Ibsen (1828–1906) und Björn Björnson (1832–1910) in Deutschland bekannt: zwei Autoren, die damals als modern schlechthin galten und deren literarischer Ruhm vor allem von ihrer Rezeption in Deutschland lebte. Passarge war weit mehr als ein in seinen Nebenstunden literarischen Neigungen nachgehender Jurist. Er war ein Mann des damaligen literarischen Lebens.

Schon der Erstling, die Reiseskizzen *Aus dem Weichseldelta*, lassen das Talent und den weiten Horizont des Autors erkennen. Eine Geschichte der Heimatbeschreibungen, die mit diesem Buch begänne und zusammenstellte, was sich ihm aus den folgenden eineinhalb Jahrhunderten thematisch an die Seite stellen ließe, müßte eine absteigende Linie zeichnen. Das Reisefeuilleton hatte in Deutschland nach der Mitte des vorigen Jahrhunderts offensichtlich seine große Zeit. Heute kennt man davon nur Fontanes Wanderungen durch die Mark Brandenburg.

Passarges Beschreibungen aus dem Weichseldelta sind sieben Jahre vor dem ersten Band von Fontanes Wanderungen erschienen. Doch sind es nicht nur die benachbarten Erscheinungsjahre, welche die brandenburgischen und die westpreußischen Reiseskizzen verbinden. Auch die Absicht ist beiden Autoren gemeinsam. „Es ist ein Buntes, Mannigfaches, das ich zusammengestellt habe: Landschaftliches und Historisches, Sitten- und Charakterschilderung, – und verschieden wie die Dinge, so verschieden ist auch die Behandlung, die sie gefunden." Diese an das Ende des Vorwortes zum ersten Band seiner Wanderungen gesetzte Ankündigung Fontanes hätte sich Passarge zu eigen machen können. Und im einen wie im anderen Falle verspricht die angekündigte Buntheit der Mitteilungen nicht zu viel – die der Darstellungsweise aber zu wenig. Beide Autoren verstehen es, die urbane Tonlage durchzuhalten und ihr Buch zu einem Ganzen zu machen. Beide führen ihre Leser auf die unprovinziellste Weise in die Provinz und damit zugleich in eine Welt.

Diese Welt ist nun nicht nur angesichts der inzwischen verflossenen Zeit verloren. Krieg und Nachkrieg haben Fontanes Mark verunstaltet, und für Passarges Weichseldelta gilt das erst recht. Auch wenn die Weichsel bei Dirschau heute noch oder wieder überbrückt wird und nicht wenige der von Passarge beschriebenen Danziger Bauten erneuert worden sind und einiges von ihrer Einrichtung gerettet und manches davon am alten Ort zu sehen ist, so steht doch außer Zweifel, daß hier beschrieben wird, was in späterer Zeit nicht nur verändert wurde, sondern heute unwiederbringlich dahin ist.

Diese unwiederbringliche Welt angemessen in der Erinnerung zu bewahren, fällt heute nicht leicht. Nicht selten nimmt die Erinnerung sentimentale und kleinliche Züge an, oder sie wird politisch gefärbt. Das Weichseldelta erscheint dann entweder als eine Region der Nationalitätenkämpfe oder als ein Gebiet, das schon längst am Rande lag und dessen Marginalität seine Schicksale im 20. Jahrhundert vorherbestimmt erscheinen ließ. Tatsächlich war damals Danzig nicht nur eine der schönsten Städte Deutschlands, sondern auch eine der größten. Mit seinen 90 000 Einwohnern übertraf es sowohl Frankfurt am Main wie Bremen. Es ist nicht nur die Vorliebe des seine Heimat lobenden Autors, die das Weichseldelta nicht als eine zurückgebliebene Region erscheinen läßt. Es war eine solche Region vor eineinhalb Jahrhunderten nicht. Noch galt, soweit eine solche Zweiteilung die Verhältnisse angemessen wiedergeben kann, daß der Norden Deutschlands insgesamt moderner war als der Süden. Erst in den späteren Jahrzehnten sollte der Osten industriell hinter dem Westen zurückbleiben.

Passarge beginnt nicht mit der Vergangenheit des Landes an der Weichselmündung, sondern mit seiner Gegenwart und Zukunft. Er setzt mit einem Lobpreis der modernen Technik ein, der auf seine Weise gleichfalls eine verlorene Welt repräsentiert, die Angst vor dieser Technik noch nicht zu kennen brauchte, sondern deren Leistungen in eine Reihe mit den Großbauten früherer Jahrhunderte stellen konnte. Der Autor setzt die Weichselbrücke den gotischen Kathedralen an die Seite. Er würdigt die mittelalterlichen Kirchen nicht nur ästhetisch, sondern auch als die Resultate angewandter Technik, und er preist nicht nur die Technik des modernen Brükkenbaus, sondern auch dessen ästhetische Qualitäten, so daß ihm die Parallelisierung der Weichselbrücke mit dem Deutschordensschloß Marienburg durch „das Publikum" sinnvoll erscheint.

Die eben vollendete Überbrückung der Weichsel durch die Ostbahn war damals in der Tat eine technische Sensation. Doch nimmt sich die Beschreibung dieses Wunderwerks in Passarges Reiseskizzen nicht fremd aus. In der damaligen Sicht und gerade bei diesem Autor gehört zusammen, was alsbald auseinandertreten sollte: der Sinn für die Naturerscheinungen und für die kulturellen Hinterlassenschaften der Vergangenheit, das Interesse an den modernen wie an den alten Bauwerken. So beginnt Passarge den ersten, der Weichselbrücke gewidmeten Teil seines Buches mit einer eindrucksvollen Schilderung des Stroms selbst, der damals noch ungebändigt dahinfloß. Passarge hat Sinn für die Unberechenbarkeit der Natur, aber er rühmt den Fortschritt, weil er in ihm den die Materie überwindenden Menschengeist am Werk sieht. So spricht er der Brücke jene Ewigkeit zu, welche den ägyptischen Pyramiden eignet. Im Hinblick auf die Kunst traut Passarge seiner Zeit weniger zu. Sie habe keinen eigenen Stil gefunden, so lesen wir im Zusammenhang der Beschreibung des Zeughauses und des Stockturms in Danzig. An späterer Stelle wiederholt Passarge die Vermutung, der eigenen Zeit fehle es an „schöpferischem Genie". Aber er setzt dem entgegen, daß man sich niemals so sorgfältig um die Kunstdenkmäler aus früherer Zeit gekümmert habe. Passarge steht mit diesem Urteil nicht allein. Gottfried Semper und andere klagten darüber, daß ihr Jahrhundert den eigenen Stil nicht finde.

Bei Passarge bleibt dieser Zweifel an den Möglichkeiten der Gegenwart im Hintergrund – vielleicht weil die eigentlichen Bauten der damaligen Zeit in seinen Augen die Werke der Ingenieure sind, gewiß aber deshalb, weil sein Herz – und sein Verstand – den alten Bauwerken gehört: Danzig als ganzem Stadtdenkmal und der Marienburg, der er sich im zweiten Teil seines Buches ausführlich zuwendet.

Dabei interessiert Passarge nicht so sehr der Rang, der diesen alten Bauten im Rahmen der sich damals entwickelnden Kunstgeschichte zukommen mochte. Passarges ästhetische Urteile folgen klassizistisch geprägten Normen, wie man etwa an der Beschreibung des Jüngsten Gerichts und des großen Kruzifixes in der Danziger Marienkirche sieht. Auch hier urteilt der Autor wie viele andere in seiner Zeit. Man sieht das am deutlichsten dort, wo er das „gelbliche Weißgrau" des Corpus Christi beschreibt und die von ihm geschätzte Farbfassung dazu benutzt, sich die die damalige Zeit befremdende Vorstellung erträglich zu machen, auch die antiken Skulpturen hätten eine Farbfassung getragen. Wie es scheint, beruht Passarges Urteil jedoch auf einem brüchigen Fundament; denn die ihm so angenehme Fassung des Danziger Kruzifixes stammte aus seiner eigenen Zeit.

Wichtiger aber als die Ästhetik sind Passarge die Bauwerke als Zeugnisse früherer Geschichte. Ähnlich wie Fontane verbindet er ihren Besuch mit der Evokation vergangener Ereignisse – am schönsten vielleicht dort, wo er sich dem Kloster Oliva und dessen Umgebung zuwendet. Wie Fontane hat Passarge Sinn auch fürs Pittoreske und für Folklore, zum Beispiel für die polnischen Flößer, die ihm als „Halbwilde und Kinder" erscheinen.

In Zeiten raschen Wandels kann dasselbe Urteil „noch" oder „schon" ausgesprochen werden. Passarges Meinung über die halbwilden polnischen Flößer ist „noch" formuliert.

Es steht in einer alten Tradition und weiß noch nichts von den in seiner eigenen Zeit beginnenden Auseinandersetzungen zwischen den Nationen und Nationalitäten. Man sieht das auch dort, wo er im Kapitel über die „Privatarchitektur" in Danzig beiläufig und ohne jede Absicht von der „Vermischung von Deutsch- und Slaventhum" spricht, welches die Danziger Geschichte charakterisiere. Vielleicht ist es auch eine liberale Gesinnung, die ihn so urteilen läßt. Nicht nur die beiläufige Nennung der „politischen Gefangenen" im Kapitel über die Weichselmündungen deutet darauf hin.

Hartmut Boockmann

Inhalt